일하는 방법을
제대로 배운 건
처음입니다

일하는 방법을
제대로 배운 건
처음입니다

미즈노 마나부 지음 | 고정아 옮김

더퀘스트

무엇보다 중요한
일하는 방법을 알려주는
책이 없다

"열심히 한다고 하는데 왜 일에 속도가 안 나지?"

"완벽하게 처리했다고 생각했는데 챙기지 못한 부분들이 자꾸 생기네."

"팀으로 일하는 건 왜 이리 힘들까?"

혹시 이 같은 고민을 하고 있진 않은가?

그렇다면 이 책은 분명 당신에게 도움이 될 것이다.

나는 크리에이티브 디렉터다. 이런 표현이 낯선 사람들을 위해 좀 더 쉽게 말하자면, 기업이나 상품의 브랜드 이미지를 디자인으로 표현하는 일을 한다.

지금까지 나는 구마모토현의 캐릭터인 쿠마몬을 탄생시킨 '구마모토 서프라이즈', 일본 최대의 유통회사인 이온 리테일 AEON Retail, 요코하마 철도인 소테쓰相鉄 그룹과 조미료 브랜드인 '가야노야茅乃舎'의 브랜딩 등 다양한 프로젝트를 맡아 성공으로 이끌었다.

덕분에 다양한 클라이언트로부터 의뢰를 받아 일도 제법 많다. 지금도 몇 십 건의 프로젝트를 동시에 병행하고 있다. 프로젝트에 따라 함께 일하는 관계사의 업종도 다양한데, 관공서를 비롯해 식품, 의류, 잡화, 가구, 철도 회사에 이르기까지 각양각색이다.

이렇게 매일같이 많은 관계자들과 의견을 나누고 교류하면서 매우 다양한 일을 동시에 추진하지만 딱히 스트레스를 받진 않는다. 일은 순조롭게 진행되고, 팀은 갈등 없이 원활하게 굴러간다. 그 이유가 궁금하지 않은가?

바로 혼자 '제멋대로' 움직이지 않아서다. 만일 누구와도 상의하지 않고 독단적으로 판단하고 결정하면서 업무를 추진했다면 당장에 엉망진창이 되고 말았을 것이다.

내가 스트레스 받지 않고 순조롭게 일을 잘할 수 있는 이유는 '업무의 절차'를 제대로 세워서 진행하기 때문이다. 절차라는 말이 다소 진부하게 느껴질지도 모르겠다. 하지만 일을 하기 위해 거쳐야 하는 순서나 방법은 매우 중요한 부분이다. 우리는 일의 목적을 정하고, 돌발상황까지 포함한 계획을 확실히 세워, 시간에 맞춰 결과물을 내놓아야 한다.

이 일련의 절차가 제대로 세워지지 않으면 머릿속이 정리되지 않아 정신없이 바쁘기만 하다. 게다가 끊임없이 발생하는 문제들은 자꾸 시간을 쓰게 만들고, 결국 일의 완성도를 떨어트린다. 이런 상황이 반복되면 프로젝트는 실 끊긴 연처럼 멀리 날아가 버릴지도 모른다.

절차는 일의 기본 중의 기본이다.

하지만 학교든 회사든 절차에 대해 제대로 가르쳐 주는 곳이 없다. 그렇다면 내가 직접 지금까지의 노하우를 바탕으로 일명 '절차에 관한 교과서'를 써 보자! 그런 마음으로 이 책은 시작되었다.

절차란 루틴을 만드는 것, 즉 일상화하는 것을 말한다

나는 어떤 일이든 '모두 같다'고 생각한다.

"그건 아니죠. 문구 디자인과 의류 디자인은 전혀 다르지 않나요?"

"철도 회사를 브랜딩하는 것과 로고를 만드는 것은 확실히 다른 거잖아요!"

분명 내게 이런 말을 잔뜩 하고 싶을 것이다. 하지만 아무리 다른 프로젝트라고 해도 기본 토대는 거의 같다. 표면적으로는 다르게 보여도 일의 골격, 본질은 다르지 않다고 생각한다.

직함에 있는 크리에이티브라는 단어 때문에 항상 새로운 일을 하는 사람이라는 오해를 종종 사는데 나는 매일이 새로운 일의 연속이라고는 생각하지 않는다. 사실 '새로운 일'은 그리 쉽게 일어나지 않는다. 물론 돌발상황이 발생하기도 하지만 그것도 예상할 수 있는 범위 안에 있는 일이다.

모든 행동을 루틴, 즉 일상적인 습관처럼 반복하면 매일이 평온하게 지나간다. 눈앞의 '해야 할 일'을 담담히 처리해 나가기만 하면 되니 일도 척척 진행된다.

"일을 대충 처리한다는 말인가요?"

누군가 시큰둥하게 이런 반론을 제기할 것 같지만 그렇지 않다. 오히려 그 반대다. 매번 일을 습관처럼 진행하다 보면 시간에 여유가 생겨 보다 재미있는 아이디어, 더 나은 결과가 나올 수 있다. 어쩌면 절차란 일을 '일상화하는 것'이라고 바꿔 말할 수 있을지도 모르겠다.

절차를 통해 업무를 일상화하여 기초를 단단히 다져두면 업무의 결과물 수준이 향상된다.

반대로 절차를 제대로 거치지 않으면 매번 새로운 일을 하는 것처럼 되어 일을 할 때마다 혼란스러워진다. 머릿속은 뒤죽박죽에 정답도 모른 채 그때그때 형편에 따라 일을 처리하고, 결과를 운에 맡기게 된다. 오히려 이런 상황이 일을 대충 처리하는 것 아닐까.

절차를 확실하게 밟아야 업무의 기초를 단단히 다질 수 있고 그렇게 해야 더 나은 일을 할 수 있다.

일을 완수하기 위해 절차를 세워 진행하자

절차를 세워 진행하는 또 하나의 이유는 일을 '완수하기' 위해서다.

크리에이티브 디렉터의 일은 아이디어를 내기만 한다고 해서 인정받을 수 있는 것이 아니다. 확실한 형태로 만들어 세상에 내놓는 것까지가 일이기 때문이다. 그때 절차를 제대로 세워 진행한다면 도중에 틀어지거나 공중분해되는 일은 생기지 않는다.

사실 나는 다니던 회사를 그만두고 회사를 직접 차린 후에야 비로소 일을 완수하는 것에 대한 책임감을 갖게 되었다. 이전까지는 새로운 일을 시작했다는 것, 아이디어를 내놓았다는 것, 제대로 끝마치지 못했더라도 일정 부분 진행했다는 것만으로도 의미가 있다고 생각했다. 하지만 아무리 좋은 아이디어라도, 아무리 멋진 디자인이라도 눈에 보이는 형태로 만들어 세상에 내놓지 않으면 아무 의미가 없다는 것을 깨달았다. 경제적 이득을 얻을 수 없는 것은 물론이다. 그러므로 일을 완수하는 것은 매우 중요하다.

해야 할 일 중 빠진 것은 없는지, 목표에 정확하게 접근하는 대책을 강구하고 있는지, 그리고 해야 할 일을 스케줄에 맞춰 빈틈없이, 야무지게 실행할 수 있는지 등을 체크하자. 이러한 '일의 절차'를 준비해야만 비로소 끝까지 해낼 수 있으며, 그 제야 간신히 '일을 해냈다'는 느낌을 받을 수 있다.

프로젝트의 시작이야 누구나 할 수 있지만 그것을 끝까지 해내는 힘을 가진 사람은 의외로 많지 않다. 따라서 일을 완수하고 싶다면, 더 나은 결과물로 만들고 싶다면 절차를 세우자. 그것이 다른 사람과 자신을 차별화하는 방법이 될 것이다.

귀찮은 게 싫을수록 절차를 세우자

어떤 일을 하건 절차를 세워 진행한다고 하면 꼼꼼하고 빈틈없는 사람으로 보일지도 모르겠다. 하지만 나는 세상에서 번거로운 것을 가장 싫어하고 귀찮아하는 게으름뱅이다.

게으름뱅이가 왜 군이 절차를 세울까?

그 이유는 절차를 세워 그에 따라 일을 진행하는 편이 결과적으로 번거롭지 않기 때문이다.

"어휴, 일일이 절차를 생각하는 건 너무 귀찮아. 그냥 되는 대로 하지 뭐!"

이런 마음으로 일을 시작하면 업무 효율은 반드시 떨어진 다. 절차를 생각하지 않으면 다른 사람과 소통하는 과정 없이 혼자서 모든 일을 컨트롤하려는 상황이 많아지기 때문이다. 다른 사람들을 내 일에 제대로 끌어들이지 못하니 양질의 결과물이 나올 가능성도 적다. 의사소통이 되지 않아 동료들이 모두 제각각 일하게 되니 일일이 확인하거나 다시 해야 하는 작업도 많아진다.

귀찮은 것을 싫어하는 사람의 마음은 누구보다 잘 안다. 그만큼 시간과 수고를 들이기 싫다는 것도 알고 있다. 하지만 업무의 진행 절차를 따르지 않으면 쓸데없는 작업이 늘어나고 그만큼 더 시간이 걸려 귀찮은 일이 훨씬 많아진다는 것을 잊지 말자.

'쓸데없는 일을 하고 싶지 않다. 시간이 걸리는 것도 싫다.

하지만 정해진 기일까지 완벽하게 마무리하고 싶다!'

여러분이 만일 나처럼 얌체 같은 바람을 품고 있다면 절차의 전문가가 될 소질이 충분하다. 귀차니스트 혹은 게으름뱅이일수록 업무 진행을 위한 절차를 세워 따를 수밖에 없을 테니 말이다.

이제 업무 진행 절차의 중요성을 조금이나마 이해했는가? 그렇다면 바로 절차를 세워 제대로 일하는 방법에 대해 구체적으로 살펴보자.

차례

CHAPTER 1

목적지부터
정하자

그 일을 하는
진짜 목적은 무엇인가

당신이 가야 하는 목적지는?

일의 절차에 대해 생각하기에 앞서 '일'이란 무엇인가에 대해 생각해 보자. 일을 분해하면 크게 다음과 같이 나눌 수 있다.

① **목적지 정하기**
② **목적지까지 가는 지도 그리기**
③ **목적지까지 걷기**

보통은 ③의 '목적지까지 걷기'가 일의 전부라고 생각한다. 그리고 그에 필요한 최적의 순서를 절차라고 부르는 경우가 많다. 그러나 일이 잘 풀리지 않는 이유의 대부분은 애초에 ①이나 ②를 제대로 하지 않고 넘어갔을 때 일어난다.

목적지가 분명하지 않은 상태에서 걷기 시작하는 것은 느닷없이 등산을 시작하는 것과 같다. 산을 오르던 도중에야 '앗, 무슨 산을 오르려던 거였지?'라는 어처구니없는 자각을 하게 된다면 곤란하지 않을까. '한참을 걷다 문득 정신을 차려 보니 다른 산을 오르고 있더라'하는 것은 그야말로 바보 같은 얘기다.

먼저 올바른 목적지를 정하는 것이 무엇보다 중요하다. 일에는 명확한 목표가 매우 중요하므로 그것이 '머릿속에 제대로 그려져 있느냐 아니냐'에 따라 일의 성패가 갈린다.

그럼 목적지를 정하기 위해서는 어떻게 하면 좋을까?

나는 이런 질문에 '상상하는 것'이 중요하다고 답한다. 물론 그저 멍하니 상상하는 것이 아닌 시각적이고 사실적으로 상상하는 것이 중요하다.

로고만 만들면 되는 걸까?

구마모토현의 마스코트 쿠마몬을 예로 이야기해 보자.

당시 구마모토현은 구마모토를 홍보할 방안에 대해서 현의 고문을 맡고 있는 방송작가 고야마 군도小山 薫堂 씨에게 의견을 구했다. 그 요청에 군도 씨는 2011년 규슈 신칸센의 가고시마 루트 전면 개통에 맞춰 구마모토의 매력을 널리 알리는 캠페인을 벌이자고 제안했다. 그리고 시민들과 함께 구마모토의 두근두근 설레는 매력과 지역만의 특성을 전하는 구마모토 서프라이즈 프로젝트가 시작되었다.

군도 씨는 이 프로젝트에 적당한 로고가 필요하다고 생각했고 마침 내게 구마모토 서프라이즈의 로고 디자인을 의뢰했다. 그는 프로젝트에 대해 자세히 설명해주었고 나 역시 자료를 꼼꼼히 훑어보았다. 그런데 우리의 열의와는 다르게 약간 마음에 걸리는 점이 있었다.

'웹사이트나 로고를 만든다고 해서 프로젝트가 제대로 움직일까?'라는 의문이었다. 찜찜하기는 했지만 우선 로고를 완성시켰다. 그런데 프레젠테이션을 코앞에 둔 단계에서도 '구마모토 서프라이즈를 효과적으로 확산시킬 수 있는 뭔가 더 좋은 방법이 없을까?'라는 생각이 맴돌아 마음이 영 개운치가 않았다.

정말 잘 될까?

나는 항상 프로젝트의 완성형을 눈앞에 그리듯 사실적으로 상상해 본다.

이를테면 선물 가게 매장에 한가득 쌓여 있는 상자에 구마모토 서프라이즈 스티커가 붙어 있다고 상상해 보는 것이다. 만일 그 자리에 내가 있다면 무슨 생각을 할까? 또는 청과물 가게 앞에 진열된 멜론이나 수박, 토마토 등에 구마모토 서프라이즈 스티커가 붙어 있다면? 나는 과연 '우와! 구마모토산 과일이네. 어디 한번 사 볼까?'라는 마음이 생길까?

'오마大間 참치*'처럼 어느 한 지역의 특산물임이 분명한 브랜드라면 살지도 모르겠다. 하지만 '구마모토산 수박'에는 딱히 메리트가 없어 보인다.

차라리 누군가가 수박이나 멜론을 양손에 들고 "구마모토의 먹거리는 정말 맛있습니다. 진짜 좋아요!"라고 말하는 편이 오히려 낫겠다는 생각이 들었다. 스티커를 붙이는 것보다 큰 소리로 홍보하는 편이 훨씬 좋지 않을까.

그렇다면 누가 그런 역할을 하고 있을까? 그때 떠오른 인물이 히가시코쿠바루 히데오東国原 英夫 씨였다. 2007년 미야자키

---

* 아오모리현에 위치한 오마 마을 앞바다에서 어획되는 참치 브랜드 이름. 오마 어업협동조합에 의해 2007년 6월 1일 지역단체 상표로 등록. 오마의 참치 등으로 불리며 전국적으로 유명하다.

현지사로 당선된 그는 연예인 출신으로, 당시 현의 홍보대사 역할을 톡톡히 해내고 있었다. 구마모토에도 그와 같은 존재가 있다면 좋을 텐데. 하지만 적임자가 떠오르지 않았다.

그래서 대표 인물이 나설 수 없다면 대표 캐릭터를 만들어야겠다고 생각했다. 마스코트 같은 존재가 사람들 앞에 떡하니 나서서 "구마모토에는 좋은 것들이 이렇게나 많아요!" 하고 홍보하는 편이 훨씬 효과적으로 사람들의 시선을 끌 수 있을 거라고 직감한 것이다.

'구마모토熊本니까 역시 곰熊 캐릭터가 좋겠어. 발음이 똑같으니 쉽게 알 수 있겠지!'

나는 집에서 파자마 차림으로 컴퓨터 앞에 앉아 캐릭터를 그려 바로 담당 직원에게 패턴이 괜찮은지 확인해달라고 요청했다. 그리고 프레젠테이션 자리에 나갔다.

이 프로젝트에 캐릭터를 만들어 달라는 의뢰 같은 건 없었다. 기획 초기에 쿠마몬이라는 캐릭터는 형체도, 흔적도 없었다. 하지만 프로젝트의 최종 형태를 상상하는 과정에서 로고 스티커를 붙인 상품 대신 귀여운 곰 캐릭터가 "구마모토에는 좋은 것들이 이렇게나 많아요!" 하고 홍보하는 모습이 그려

졌다. 그렇게 하는 것이 훨씬 파급 효과가 클 것 같았기 때문이다.

나는 늘 나 자신을 의심한다.

'정말 이게 맞을까?', '더 좋은 방법은 없을까?' 하고 의심하는 것이다. 그때 의심을 확인하는 가장 효과적인 방법은 바로 시각적이고 사실적으로 상상하는 일이다.

더 가고 싶은 곳은 어디일까?

목표를 머릿속에 그릴 때, 즉 답을 찾을 때 사람은 목적지까지 가는 길과 방법이 하나뿐이라고 생각하는 경향이 있다. 그래서 목표를 향해 한 걸음 한 걸음 걸어가려고만 한다.

하지만 세상에는 비행기도 있고 기차도 있다. 어딘가에는 만화 〈도라에몽〉에 등장한 가고 싶은 곳은 어디라도 보내주는 '어디로든 문'도 있을지 모른다. 그러므로 답에 이르기까지 더 가까운 길과 방법을 찾아 최단 거리로 도달하는 것을 포기해서는 안 된다.

일전에 농장 체험 비즈니스와 관련한 사업 아이템을 검토한 적이 있다. 농장에서 우유 짜기 체험이나 채소 캐기 체험 같은 서비스를 제공해 손님들이 즐길 수 있도록 하자는 내용이었다.

이런 프로젝트를 제안 받으면 우선 어떤 체험을 제공하는 농장으로 만들 것인지, 농장을 어떻게 디자인하고 꾸밀 것인지부터 생각하는 것이 일반적이다. 하지만 나는 그 이야기를 듣는 순간, 가장 먼저 이 생각을 떠올렸다.

'농장으로는 사람들을 끌어들이기가 쉽지 않다.'

"이번 주에 농장 체험 가기로 했어"라는 얘기가 종종 들리기는 한다. 하지만 체험은 한 번 정도로 끝나는 경우가 대부분이다. 상황이 이렇다 보니 애초에 사람들이 농장에 가서 즐긴다는 자체가 환상이 아닐까 하는 생각이 들었다.

설령 농장을 찾아가는 사람이 있다고 해도 매주 가지는 않을 것이다. 일시적으로 화제를 불러일으킨대도 한때 유행으로 끝나버린다면 의미가 없다. 계속해서 사람들이 농장을 찾도록 해야 한다.

그렇다면 사람들이 매주 찾아가는 곳은 어딜까?

한 가지 답이 떠올랐다. 바로 공원.

같은 비즈니스를 하더라도 농장보다는 공원이라고 하는 편이 찾아오는 사람이 훨씬 많을 것이라는 게 내가 세운 가설이다.

공원에 소가 있고, 공원에 직접 딸 수 있는 양배추가 있고, 공원에 빵집이 있고… 그런 공원이 있다면 굉장히 신나고 즐겁지 않을까. 뉴욕의 센트럴파크도 레스토랑이 인접해 있어서 사람들이 많이 모여든다. 농장보다는 역시 공원일 때 분위기가 훨씬 고조될 것 같았다.

앞서 말했듯 나는 일을 의뢰받으면 의심부터 시작한다. 99퍼센트 의심한다. 의심은 이제 버릇이 되었다. 이 프로젝트도 일단 의심을 함으로써 농장에서 공원으로 전환할 수 있었다.

얼핏 보기에는 아이디어를 내는 방법에 관한 얘기일 수

있지만, 이런 생각 역시 일을 빨리 진행하는 데 매우 도움이 된다.

대개의 사람은 답에 도달하는 데 시간이 걸려서 절차를 제대로 못 세우는 것 같다. 만일 가고자 하는 목적지에 걷는 것 대신 비행기나 고속철을 이용해 데려다주는 아이디어를 낼 수 있다면 속도는 훨씬 빨라질 것이다.

고객은 어떤 표정을 짓고 있을까?

발상의 틀 자체를 전환하려면 어떻게 해야 할까?

농장 비즈니스를 하고 싶다는 얘기를 들었을 때 처음 머릿속에 떠오른 것은 내가 유모차를 밀고 한 농장에 가는 장면이었다. 그 장면을 생생하게 상상했더니 유모차를 밀면서까지 농장 같은 곳에 가고 싶지는 않아졌다.

사람은 누구나 자신이 어떤 삶을 살고 있는지, 어떤 곳을 즐겨 가는지와 같은 것을 중요하게 생각한다. 또, 자신이 어떤 지역에서 살고 있느냐에도 신경을 쓴다.

요컨대 모두 '자신의 주가를 올리는 일'에 신경을 쏟고 있다는 말이다. 요즘 유행하는 인스타그램도 그 연장선상에 있다. 그러니 '유모차를 밀고 어딜 가는지'는 매우 중요한 요소다.

빠르게 좋은 답을 내놓으려면 온 힘을 다해 프로젝트 완성 후의 모습을 상상해야 한다. 그리고 완성된 프로젝트를 보는 사람에 대해서도 생각해야 한다. 다시 말해 온전히 소비자, 고객의 입장이 되어 봐야 한다.

완성된 프로젝트를 보고 누가, 얼마나 기뻐하면서, 뭐라고 말하는지, 어떤 표정을 짓고 있는지를 마치 한 편의 영화를 보듯 상상해 보는 것이다. 그러다 보면 저절로 고객이 원하는 답에 가까워진다.

목적지를
눈에 보이게 공유하자

이미지를 검색해 시각적으로 상상한다

아무리 일을 빠르게 처리할 수 있는 절차를 세웠다고 해도 처음부터 목적지가 틀렸다면 아무 소용이 없다. 목적지를 머릿속에 떠올려 보고 올바른 목적지를 정하는 것이 가장 중요하다.

나는 목적지에 대한 이미지를 구축할 때 구글 이미지 검색을 자주 이용한다.

예를 들어 공원을 만드는 프로젝트일 경우 먼저 구글 검색창에 깨끗한 공원 등의 키워드를 입력한다. 엄청나게 많은 이미지가 검색되면 그중에서 흥미로운 것을 골라나가는 것이다. '녹색의 나무와 식물이 풍부한 공원이 좋을 것 같다'거나 '등나무 시렁이 있는 고풍스러운 느낌의 공원이 좋을 것 같다'라는 식으로 말이다.

목적지에 대한 이미지는 말로도 표현할 수 있지만, 단순히 설명만 전달해서는 정밀도가 떨어진다.

가령 "어스름한 저녁, 벚나무 가로수를 형형색색으로 물들인 조명과 빨간 페인트가 칠해진 다리가 보이고, 왼쪽 앞에서 오른쪽 끝으로 강이 길게 뻗어 있으며, 조명이 없는 곳에는 바위가 있다"라는 말을 들어도 좀처럼 상상이 안 되던 것이 사진을 보면 단숨에 이해가 된다. 말로 표현하려면 길어지는 어마어마하게 많은 양의 정보가 단 하나의 이미지에 담겨 있다.

따라서 완성했을 때 예상되는 이미지를 먼저 사진이나 영상 등 시각적인 것으로 찾아본다. 자신이 무엇을 원하는지 언어적인 설명만으로는 애매모호해지기 때문이다.

"시각화는 디자이너의 일이니 디자이너에게만 도움이 되는 방법 아냐?"

이런 얘기가 나올 수도 있을 것 같은데, 완성형 비주얼을 상상해 보면 지금 하고 있는 일의 결과물이 나오기까지 몇 단계를 거쳐야 하는지가 보이기 시작한다. 또한 어느 정도의 난이도일지, 어느 정도의 속도로 진행될지, 어느 정도의 예산이 필요할지 등 이런 여러 가지를 예측하는 실마리가 될 수도 있다.

일을 시작하기에 앞서 이미지 검색을 한다는 것은 꼭 디자인 관련 일이 아니어도 다른 모든 프로젝트에 응용할 수 있다.

이미지 검색으로 인해 오히려 이미지가 굳어버리는 것은 아닐까 싶기도 하겠지만, 혹시라도 이미지가 굳어버린다면 그것은 '들어맞았다'는 의미라고 생각한다. 이미지가 딱 들어 맞는다면 일단 그것으로 굳혀도 좋다.

나중에 다른 제안이 있거나 지시가 있을 경우 그때 그것도 적용해 보면 그만이다. 두 가지 아이디어가 생기는 상황이 되겠지만 그래도 상관없다.

아이디어에는 '확대'와 '축소'의 2단계가 있다.

목적지를 정할 때는 먼저 확대하는 것이 필요하다.

지도를 펼쳐서 보는 느낌으로 '저쪽이 좋을까?', '이쪽이 나을 수도…' 하고 살펴본다. 이를테면 '미국 스타일이 좋을까? 아니면 유럽 스타일이 좋을까?' 하는 식이다. 그때 대략적인 방향이 정해지면 다음은 범위를 축소한다. 더욱 세세하게 '런던 스타일이 좋겠다!'라거나 '뉴욕 스타일이 낫겠다!'와 같이 좁혀 나간다.

만일 목적지가 두 곳이 된다면 양쪽 길을 모두 걸어가면 된다.

완성되었을 때의 이미지부터 생각한다

흔히들 '콘셉트부터 생각해 보자'고 한다. 콘셉트가 쉽게 결정된다면 그렇게 해도 상관없지만, 좀처럼 정해지지 않는다면 '완성되었을 때의 이미지'부터 생각해 보면 순조롭다.

이제는 도쿄 특산품으로 자리 잡은 주식회사 아일I'LL의 '도쿄 초콜릿 팩토리TOKYO CHOCOLAT FACTORY'의 디자인을 기획할 때도 이미지 검색부터 하며 자료 수집을 시작했다.

이 상품이 처음부터 '초콜릿 공장' 콘셉트였던 것은 아니다.

아일은 우리에게 작게 구운 바움쿠헨BaumKuchen(나이테처럼 단면이 겹겹으로 보이는 케이크)에 초콜릿을 입힌 신제품 '쇼콜라 바움'의 패키지 디자인을 의뢰했다. 디저트로 먹는 초콜릿 과자이니 먼저 초콜릿 이미지를 모으기 시작했다. 도중에 위스키 브랜드인 잭 다니엘의 패키지가 느낌도 좋고 어쩐지 맛있어 보여서 그와 비슷한 느낌의 이미지도 수집했다.

이 단계에서 러프하게 디자인을 만들어 보았는데, 매우 단순하면서도 멋진 디자인이 완성되었다. 남성스러운 느낌의 고디바 초콜릿이나 잭 다니엘 위스키와 비슷한 방향성으로 한차례 디자인이 굳혀졌다.

"나라면 그 제품 안 살 것 같아."

우리 회사의 프로듀서를 맡고 있는 아내인 유키코는 무심하게 말했다. 남성스러운 느낌이 한 입에 먹을 수 있는 미니 사이즈 초콜릿의 성격과 완전히 맞아 떨어지지 않는다는 것이었다. 그러면서 좀 더 귀엽게 만드는 것이 어떻겠냐는 의견을 주었다. 나와 프로젝트에 함께 참여한 모든 담당자가 '설마 진심인가?'라며 갸우뚱하기는 했지만 덕분에 완전히 다른 방향성도 생각해 보게 되었다.

잭다니엘과 고디바의 이미지 외에 또 하나 머릿속에 떠오른 것은 '가상의 초콜릿 공장'이었다. 그래서 '재밌는 초콜릿 공장이 있다면 어떤 곳일까?'라는 상상을 시작했다. 그 이미지에 가까울 것 같은 미국의 놀이공원들이 여럿 떠올랐다. 그래서 브루클린에 있는 코니아일랜드나 플로리다 디즈니월드처럼 형형색색의 알전구가 가득 매달려 있는 이미지를 찾아 나갔다.

이 가상의 초콜릿 공장은 놀이공원 같은 곳이라 공장에 들어가고 싶은 사람들은 특별한 티켓을 지참해야 한다. 그래서 초콜릿 포장지를 티켓으로 디자인했다. 그렇게 초콜릿 공장에 입장할 수 있는 티켓이 가득 붙어 있는 이미지가 완성되었다.

이 프로젝트의 성공을 어떻게 정의할까?

이쯤에서 생각해 보자. 애초에 이 도쿄 초콜릿 팩토리 프로젝트는 어떻게 하면 성공이라고 할 수 있을까?

즉 이번 프로젝트의 '목표'는 뭘까?

디자인 요소에만 정신이 팔려 목표를 제대로 파악하지 못하는 경우가 종종 있다. 프로젝트 성공의 기준이란 무엇인지 함께 일하는 담당자에게 물어보니 "클라이언트가 목표로 삼고 있는 판매 수량이나 매출 등을 충족하면 성공이라고 생각한다"라는 대답이 돌아왔다. 내 생각은 다르다. 판매 수량이나 매출을 충족하는 것은 목표가 아니라 결과다.

우리는 종종 일의 결과를 목표라고 착각하는 경향이 있다.

나는 이 프로젝트의 목표가 쇼콜라 바움이 '도쿄를 대표하는 선물로서 최고가 되는 것'이라고 생각했다.

나는 쭉 도쿄에서 살았지만 도쿄를 대표하는 선물을 꼽아보라고 하면 딱히 떠오르는 게 없다. 나 같은 생각을 하는 사람이 꽤 많을 테니, 이는 목표를 달성할 수 있는 기회였다. 사람들은 대체로 초콜릿 과자를 싫어하지 않는다. 그러니 패키지 디자인의 콘셉트까지 좋다면 사람들의 이목을 끌어 도쿄를 대표하는 최고의 선물이 될 수 있을 것만 같았다.

또한, 도쿄 초콜릿 팩토리라고 지은 이상 이 상품이 잘 팔린다면 도쿄에 대한 이미지도 달콤하고 부드러워져 한결 좋아지지 않을까. 물론 이미지를 향상시키는 데 기여하는 바가 0.001밀리미터 정도일지라도 틀림없이 작게나마 도움이 되기는 할 것이다. 그렇다면 프로젝트는 성공했다고 할 수 있다.

그러므로 디자인을 어떻게 할 것인가나 포장을 어떻게 할 것인가 이전에 '어떻게 하면 성공이라고 할 수 있을까'를 제대로 파악해서 공유하는 것이 일을 진행하는 데 매우 중요하다.

논리적으로 설명할 수 있어야 한다

디자이너나 크리에이티브 디렉터는 사물이나 현상을 판단할 때 직감이나 특유의 센스로 파악한다는 생각을 하지는 않는가? 디자이너에게 "디자인을 왜 이렇게 했느냐?"라고 물으면 "그건 원래 그런 거다", "느낌이 더 좋아서"라는 식으로 대답한다는 생각을 갖고 있는 사람도 꽤 있을 것이다.

나는 왜 이런 디자인을 했는지 명확하게, 그리고 논리적으로 설명하려는 편이다. 도쿄 초콜릿 팩토리를 예로 들면 다음과 같다.

'도쿄를 대표하는 최고의 선물을 만들기'에 앞서 먼저 '도쿄'에 대해서 생각했다.

도쿄에 대한 이미지는 세 가지로 나뉜다.

첫째는 과거의 이미지로 1950년대 중반의 〈올웨이즈 3번

가의 석양Always 三丁目の夕日〉*과 같은 이미지. 둘째는 현재의 이미지로 깨끗한 고층 빌딩과 잡다한 신주쿠 고르덴 가이新宿 ゴルデン街**가 혼재하는 이미지. 셋째는 미래의 이미지로 영화 〈블레이드 러너Blade Runner〉***와 같은 가까운 미래 도시라는 이미지다.

이 세 가지 이미지를 떠올린 후 '식욕을 돋우는 맛있는 이미지'를 꼽는다면 과거, 현재, 미래 가운데 어느 것일까를 생각했다.

문득 얼마 전에 다녀온 신요코하마에 있는 라멘 박물관이 떠올랐다. 그곳에서 향수를 자아내는 차르메라를 보았다. 차르메라는 목관 나팔의 일종으로 과거 라멘 포장마차에서 호객을 위해 사용했던 것이다. 허름한 라멘집에서 차르메라를

---

* 사이간 료헤이(西岸 良平)의 만화인 《3번가의 석양(三丁目の夕日)》을 원작으로 2005년에 개봉된 일본 영화. 도쿄 변두리를 무대로 사람들 사이의 따뜻한 교류를 그렸다.
** 1950년대 건물이 남아있는 신주쿠 유흥가. 2차 세계대전 이후 지어진 폭이 1~2미터에 불과한 2층 목조 건물들로 이루어져 있으며 대부분 술집이다. 어둡고 지저분하지만 1950년대를 간직하고 있다는 특수성 때문에 인기가 많다.
*** 리들리 스콧 감독의 1982년 작품으로 어둡고 혼란스러운 미래를 일본어 네온사인이나 게이샤 등 일본의 이미지를 활용해 묘사했다.

불며 사람들을 불러들이는 주인장의 모습을 상상하니 왠지 모르게 정겹고 갑자기 식욕까지 도는 것 같았다. 너무 깨끗한 가게보다는 약간 오래되어 허름한 가게에서 먹는 식사가 더 맛있거나 맛있게 느껴지는 경우가 있지 않은가.

이렇게 해서 '과거'에는 향수와 그리움을 불러일으키는 맛 있어 보이는 이미지가 있다는 사실을 깨달았다.

그렇게 도쿄의 과거와 관련한 이미지를 찾다가 완성된 것이 '공장' 이미지였다. 공장, 그리고 초콜릿이라는 요소가 자연스레 영화 〈찰리와 초콜릿 공장〉으로 연결되면서 마침내 도쿄 초콜릿 팩토리라는 네이밍과 콘셉트가 탄생하게 되었다.

얼핏 일순간의 감각으로 탄생한 것처럼 보이는 결과에 대해서도 왜 그런 이름이 붙여졌는지, 어째서 이런 비주얼인지를 설명할 수 있어야 한다. 나는 그렇게 하려고 노력하고 있다. 그러면 클라이언트도 쉽게 이해해주어 의도가 정확히 반영된 결과물을 내놓을 수 있게 된다.

내가 "이 편이 좋다고 생각한다"라고 말하는 것에는 반드시 이유가 있다.

따라서 최종 완성된 이미지는 시각적으로 생각하되, 거기에 도달하기까지의 과정에 대해서도 제대로 설명할 수 있도록 해 두는 것이 중요하다.

③

내가 한 일의 결과를
100년 후까지 상상한다는 것

얼마만큼 상상할 것인가

일을 시작할 때 최종 결과물의 형태를 얼마나 구체적으로 상상할 수 있느냐에 따라 일의 성패가 갈린다. 애매모호하게 상상하는 것은 전혀 도움이 되지 않는다. 가능한 한 상세하게 그리고 가능한 한 범위를 넓혀서 상상해야 한다.

"저기 저 전나무 좀 베어 주세요"라는 의뢰를 받았다고 하자. 보통은 어떤 방법으로 자를 것인지, 또 일정은 어느 정도로 잡고 있는지와 같은 논의부터 시작한다.

하지만 나는 '이 나무를 베어도 문제가 없는지'를 먼저 생각한다. 눈앞에 있는 사람은 나무를 베어 달라고 하지만, 진짜 베어버려도 괜찮은지 반드시 생각한다.

만일 그 나무가 보호수일 경우 "베라고 해서 베었다"로는 끝나지 않는다. 아무리 숲 관리인이 괜찮다고 말했다 해도 허가를 받은 것인지 아닌지 직접 알아보는 것이 좋은 경우도 있다.

클라이언트의 의뢰라고 해도, 또 신뢰하는 동료의 부탁이라

고 해도 관련 법이나 차별 문제와 같은 최소한의 규칙에 저촉
되지는 않는지 등을 의심하고 벌어질 상황들을 상상한다. 상
상을 하고 또 가능하다면 확실하게 확인한다.

　회사에서 시킨 일이니까, 상사의 지시니까 하는 근거만으로
괜찮을 거라고 생각하면서 아무런 의심 없이 일했다고 치자.
그렇다고 해도 '5퍼센트' 정도의 확률로 괜찮지 않은 상황이
생길 수도 있다. 그 5퍼센트가 발목을 잡는 시대다. 충분히 깊
이 의심해 봐야 한다. 나는 굳이 약간은 부정적으로 상상하는
편이 낫다고 생각한다.

　다행히 요즘은 온라인 사이트 등으로 알아보는 방법도 다
양하니, 이 부분은 정확하게 짚고 넘어가는 것이 좋겠다.

정말로 그럴 필요가 있을까?

다음으로 생각할 것은 '이 나무를 정말로 벨 필요가 있을까?'
라는 점이다.

　이 전나무를 베어야 하며 그것이 최선이라는 전제로 내게

나무를 베어 달라는 의뢰가 들어왔으니 베는 것이 당연하다고 생각하기 쉽다. 하지만 조금 더 상상력을 발휘하여 그 '당연함'을 의심해 봐야 한다. 나는 의심부터 해 보는 것이 습관이 되어버렸다. 한 번 자른 나무는 다시 돌이키키 어렵기 때문이다.

숲 관리인의 의도는 무엇이었을까?

어쩌면 숲을 더욱 밝고 환하게 만들고 싶다는 의도로 전나무를 베어 달라고 한 것일지도 모른다. 그렇다면 전나무를 베지 않고도 얼마든지 밝게 만드는 방법을 찾을 수도 있을 것이다. 어쩌면 전나무가 아니라, 그 옆에 있는 삼나무를 베는 편이 나을 수도 있다.

이처럼 더 좋은 안을 찾기 위해서는 그 제안을 당연하게 받아들이지 말고 그렇게 할 필요가 있는지 반드시 의심해 봐야 한다.

목적을 생각하지 않고 그저 의뢰받은 대로 그것을 따랐다가는 최상의 결과를 낼 수 없다. 설령 조직에 속해 있다고 해도 '이 지시가 정말로 필요한 것이며 최선인가? 다른 방법을 찾는 편이 훨씬 목적에 맞는 결과가 나오는 것은 아닌가?'를 상상해 보는 습관을 들이면 결과물의 질은 반드시 달라질 것이다.

프로젝트를 끝낸 그 후까지 상상한다

또 하나 '이 나무를 베어버리면 어떻게 될까?' 하고 '그 후'를 상상하는 것도 중요하다.

어떤 사물이나 현상도 관계성의 균형 안에 있다. 따라서 전나무를 베어버리면 숲의 생태계가 바뀔지도 모른다.

만일 그 전나무가 만든 그늘이 숲에서 오래도록 서식하고 있던 사슴들의 중요한 잠자리였다면 어떨까. 어느 날 갑자기 거처를 잃어버린 사슴들이 어찌할 바를 몰라 서식지를 찾아 헤매다 마을까지 내려와 농작물을 훼손하는 상황이 벌어질지도 모른다. 조금 황당하다고 느껴질 수도 있겠지만 이런 식으로 이미지를 부풀려 생각해 보는 것도 중요하다.

그 일을 함으로써 주변에 미치는 영향은 간접적인 것이라도 반드시 있게 마련이다. 좋은 영향도 있지만, 나쁜 영향도 있다. 아무리 많이 팔리는 제품이라도 생산 과정에서 환경에 악영향을 미친다면 만들어서는 안 된다.

'그 후까지를 상상한다'는 것은 그 일로 인해 벌어질 수 있는 가장 큰 트러블에 대한 손실 방지, 즉 리스크 헤지Risk Hedge라고도 할 수 있다.

이렇게 '상상하는 습관'은 모든 업무에 적용할 수 있다.

나는 한층 더 상상한다.

'이 전나무를 베었을 때 나무는 어느 방향으로 쓰러질까?'

만일 서쪽으로 쓰러질 경우 그 주변에 돋아나 있는 맛있는 버섯이 훼손될 수도 있다.

이처럼 '우리 부서에서 내놓는 신제품이 타 부서 유사 제품의 점유율을 침범하지는 않을까?' 하는 상상도 해 본다. 이것은 상품이 미칠 직접적인 영향을 상상하는 것이다. 반대로 좋은 영향이 나타나는 경우도 있다. 하지만 이러한 상상을 건너

뛰어 버리면 어느 정도 성과는 거둘지언정 주변에 해를 입히
지 않는 좋은 일은 할 수 없다.

덧붙여 상상과 관계없이 나는 직감적으로 '이렇게 하는 건
위험하지 않을까?'라고 느끼면 이유를 불문하고 일단 중단한
다는 방침을 고수하고 있다. 나 자신이 확실하게 수긍했을 때
만 일에 착수한다. 그래야만 주어진 업무에 대해 의심하지 않
고 상상의 층위를 높여가며 결과물의 완성도를 함께 높일 수
있기 때문이다.

프로젝트의 수명을 상상한다

나는 2014년부터 사가미 철도相模鉄道(이하 소테쓰)의 브랜드 재
구축 프로젝트를 맡고 있다.

소테쓰는 도쿄 근교의 요코하마를 달리는 철도로 100년이
넘는 역사를 가지고 있다. 새로운 세기를 맞아 한층 더 사랑받
는 브랜드로 거듭나기 위해 전철역, 전동차, 직원 유니폼 등을

새로이 디자인하는 프로젝트를 시작했는데 개선의 규모만큼 오랜 수명이 요구되는 브랜딩 프로젝트다.

그래서 이 프로젝트를 시작하기에 앞서 크게 두 가지 생각을 했다.

'시대에 따라 장점이 달라질 수 있는 것은 가능한 한 피하자.'

'100년 후에도 장점이 유지되는 것을 만들자.'

이런 생각을 바탕으로 어떤 제안이 적합할지를 고민해 봤더니 '가장 정통적인 것'이라는 전체상이 떠올랐다.

보통 독특하거나 재미있는 디자인은 "정말 ○○답다!"라는 말을 들으며 사람들에게 쉽게 받아들여진다. 반대로 디자인이 아주 평범하고 견실하며 단순할 경우 "딱히 새로 디자인한 것 같지는 않은데…"라는 말을 듣기 십상이다. 그래서 후자의 경우가 고민이 되었다.

하지만 100년 단위로 상상하자 이런 결론이 나왔다.

'독특한 것은 싫증이 나기 쉽다.'

그 답은 확실했다. 그래서 우리는 소테쓰가 100년을 가기 위해 추구해야 할 것들을 정리해 보았다.

- 구식이 되지 않는, 서서히 완성되어 가는 디자인
- 보편적인 색상과 소재
- 100년이 지나도 빛이 바래지 않는 본질

이런 키워드를 토대로 나온 소테쓰의 디자인 콘셉트는 '안전×안심×고품격'이었다.

안전과 안심은 보편적인 가치이자 철도회사의 책임과 의무로, 디자인도 그것을 나타내는 것이어야 한다. 게다가 요코하마라는 도시를 형성시킨 철도라는 수준 높음, 우아함을 표현하고 싶었다.

나는 소테쓰뿐 아니라, 맡고 있는 모든 프로젝트에 대해서 만들어낸 결과물의 '수명이 얼마나 될지'를 상상한다.

며칠 만에 그 역할을 마치는 이벤트인지, 다음 세대에게도 사랑받을 수 있도록 만들어야 하는 것인지 말이다. 프로젝트가 끝나는 순간 수명을 다한다고 생각하기 쉬운데, 한층 더 나아가 '그 후에 어떻게 될 것인가'를 분명하게 상상하는 것이 프로젝트를 성공시키는 비결이다.

오랜 시간을 들여 천천히 바꿔 나간다

최종적으로 소테쓰의 브랜딩 디자인은 '100년 단위 프로젝트'로 정했는데, 그렇게 정한 데는 제약이 있기 때문이기도 했다.

철도는 건물과 달리 "공사 중입니다. 불편을 드려 죄송합니다" 하고 몇 개월 또는 몇 년씩 폐쇄할 수가 없다.

전철은 365일 운행되므로 공사가 가능한 시간이 매우 제한적이다. 소테쓰의 경우 24시간 운행은 아니지만, 막차가 지나간 후에도 화물 전동차가 통과해야 하거나 전동차의 정비 또는 시운전이 이루어지기도 한다.

한밤중에 작업한다고 해도 첫차는 정시에 운행되어야 하므로, 공사를 위해 잠시 부숴 놓았던 승강장 일부를 첫차가 다니기 전에는 일단 복구해 놓아야 한다. 또한 역이나 철도에는 전기가 통과하는 곳이 많아 공사의 안전성을 생각하면 무리해서는 안 된다.

즉, 작업이 원활하게 그리고 빠르게 진행될 수 없다는 말이다. 정말로 조금씩 서서히 짧은 작업 시간을 최대한으로 활용하면서 많은 공사와 작업을 해 나가야 한다.

해야 할 일은 많은데 시간은 부족하다. 많은 사람이 이 일에 관계되어 있으니 서로 시간을 뺏고 뺏기는 상황이 되기도 하여 스트레스를 잔뜩 받을 수도 있다. 이것은 상당히 부정적인 측면으로 일의 진행을 위한 절차도 까다로워진다.

하지만 나는 일을 조금씩 진행할 수밖에 없다는 제약을 오히려 긍정적인 요소로 바꿀 수 있다고 생각했다.

그래서 다음과 같은 방침을 세웠다.

'100년간의 프로젝트이므로 오랜 시간을 들여 천천히 바꿔 나간다.'

차분하게 진행하면 현장의 초조함이 사라진다. 무엇보다 오랜 시간을 들여 천천히 해 나가자는 방침을 세웠더니 새로운 디자인이나 유행하는 디자인에 휘둘릴 필요가 없어서 좋았다.

또한 '100년이라는 시간에 걸쳐서 바꿔 나가는 것이므로, 100년간은 가치가 바뀌지 않는 것으로 완성시키자'는 각오도 다지게 되었다.

비슷한 사례를 토대로 예측한다

- 얼마나 사실적으로 상세하게 상상할 것인가.
- 얼마나 상상의 범위를 넓힐 것인가.

지금까지 이것들이 중요하다고 서술해 왔다.

다만 상상에도 한계가 있다. 전혀 모르는 분야의 일을 상상하는 것은 쉽지 않은 일이다. 그럴 때는 비슷한 사례를 참고로 삼으면 된다.

소테쓰 프로젝트 진행을 위해 참고로 삼았던 비슷한 사례는 간사이 지역의 '한큐 전철阪急電鉄'이다. 모델 사례로 찾아봤던 것은 아닌데 "전철 관련 일을 한다면 참고가 될 거예요"라고 간사이 출신의 지인이 알려줬다.

1907년에 창업한 한큐 전철은 오사카 우메다에서 고베, 다카라즈카, 교토까지 운행되며 아리카와 히로有川 浩의 소설 《한큐 전차阪急電車》는 영화로 제작되기도 했다. 어딘지 모르게 멋스럽고 사랑스러운 이 전철은 꽤나 유명해서 그 지방 사람들에게 한큐 노선 주변 지역은 동경의 대상이 되고 있다.

한큐 전철이 인기가 많은 이유를 생각해 보니 독특한 차량 색이 큰 몫을 하는 게 아닐까 싶었다. 나는 그 색을 초콜릿색이라고 생각했는데, 한큐 전철의 색에는 '한큐 마룬阪急マルーン, Hankyu maroon'이라는 고유의 명칭이 붙어 있었다. 밤을 의미하는 프랑스어 '마롱Marron'이 어원이라고 하는데, 깊이가 있으면서 따뜻하고 고급스러운 느낌의 짙은 갈색이다.

1950년 효고 현에서 개최된 미국 박람회The America Fair 1950 때 탄생했다고 하는데, 몇 차례 차량 색을 바꾸려고 했으나 이용자들이 "색을 바꾸지 말아 달라"며 반대했다는 자료도 볼 수 있었다. 그만큼 한큐 전철은 많은 이용자로부터 사랑받고 있다.

누구나 "한큐다!" 하고 알 만한 독자적인 색을 가진 한큐 전철은 세월이 흐르면 흐를수록 브랜드 가치가 높아질 것이다. '변함이 없다'는 점이 신뢰를 주고 더욱 애착을 갖게 만드니 안전, 안심이라는 철도의 성질과도 부합한다.

지역 주민에게 사랑을 받고 브랜드화가 되면 노선 주변 토지의 가치도 상승한다. 그러면 그 지역을 동경하는 사람들이 나타나고 가치는 점점 더 올라간다. 빠른 속도로 유행을 타지는 않더라도 완만한 상승세로 한큐 전철은 지역에 없어서는 안 되는 존재가 되어 갈 것이다.

모델 사례라고 할 수 있는 한큐 전철에 대해서 상상을 해 봤더니 소테쓰가 지향하는 바도 그야말로 같다는 생각이 들었다. 그 전철의 이용자라는 사실이 괜히 뿌듯하고 그 전철을 보면 "이곳에 왔구나!" 하는 마음이 생기는 지역의 상징이 되는 것. 그것이 바로 소테쓰의 마땅한 모습이 아닐까.

상품이나 프로젝트에 대해서 상상할 때 아무 바탕도 없이 끙끙대며 고민한다고 해서 생각이 눈앞에 펼쳐지는 것은 아니다. 먼저 앞서 성공한 모델의 사례를 찾아 보자. 그리고 그 사례와 비교해 나가다 보면 해야 할 일이나 나아가야 할 방향이 보이기 시작한다.

타깃의 해상도를
최대한 높이는 방법

나의 타깃은 어떤 잡지를 읽고 있을까?

상품, 브랜딩, 시설 등 어떤 프로젝트에서건 나는 그 일의 타 깃을 명확히 정한다.

타깃을 정하라는 말이 새삼스레 책에 쓸 정도로 대단한 깨 달음이 아님을 물론 잘 알고 있다. 어떤 비즈니스 관련 서적에 서든 흔히 주장하는 내용인데다 매일같이 하는 회의에서도 상사가 "이 신제품의 주 타깃은 어떤 사람들일까?" 하고 질문 을 던질 테니 말이다.

문제는 타깃을 정하는 자체가 아니라, 타깃을 정하는 방법 이다. 조금 더 정확하게 말하면 타깃의 범위를 좁히는 방법 이다.

"타깃은 젊은 여성이다."

"열심히 일하는 비즈니스맨을 위한 아이템!"

이런 식이면 타깃을 정했다고 할 수 없다. 큰 갈래만 있을 뿐 타깃이 불분명하며 타깃에 대한 상상력이 결여되어 있다. 이대로 마무리해 버리는 것은 타깃을 정하지 않은 것이나 다름 없다.

타깃을 더욱 철저히 좁혀야 한다. 나는 모든 상상력을 동원해서 이미지를 편집하고 아예 인물상까지 정해 버린다.

현재 나는 'THE'라는 브랜드를 운영하고 있다.

"청바지는 역시 리바이스 501!"과 같이 "○○만큼은 역시 ○○!"라고 할 만한 상품들을 갖추고 있는 브랜드다. 그렇다면 나는 THE의 브랜드 타깃을 어떻게 설정했을까?

여러 방면으로 생각해 본 결과 타깃이 읽는 잡지에까지 생각이 미쳤다. THE를 애용하는 고객은 어떤 잡지를 읽을까를 상상해 보는 것이었다.

"음, 남성용 라이프스타일 정보지인 〈브루투스BRUTUS〉나 취미로 무선 통신을 즐기는 사람들이 주로 보는 〈CQ 햄 라디오 CQ ham radio〉, 그리고 시사 주간지 〈아에라AERA〉 정도를 꼽을 수 있을 것 같은데?"

"그렇다면 우리의 타깃은 멋 부리기를 좋아하는 남성이다!"

설마 이렇게 타깃을 정해 버렸다면 큰 착오다.

멋 부리기를 좋아하는 남성은 THE에서 취급하는 옷에 꽂히지 않을 것이다. 이른바 패션에 관심이 많은 남성은 꼼 데 가르송COMME des GARCONS이나 메종 마르지엘라Maison Martin Margiela처럼 장식적이고 좀 더 공들인 옷을 좋아할 테니 말이 다. 얼핏 보기에도 정통적이고 색다를 것이 전혀 없는 THE의 옷을 선택할 리가 없다.

또한, 패션에 관심이 없어서 아내나 여자친구가 사다 준 옷 을 입는 유형의 사람들은 무인양품이나 유니클로의 제품을 이용할 것이다. 그들도 THE의 옷을 선택하지는 않는다. 그렇 다면 한층 더 범위를 좁혀 보자.

"THE 제품을 좋아하는 사람은 지우개부터 자동차까지 물 건에 대해 다루는 전문 잡지인 〈모노mono〉의 클래식 특집호를 즐겨 읽거나 〈브루투스〉를 사기는 하지만 패션 특집호에는 관심이 없는 사람."

기호나 취향은 뚜렷하지만 패션 마니아는 아닌 그런 사람 들은 스타일보다는 '제품으로써의 옷'을 좋아하지 않을까? 제품에 대한 나름의 고집이나 기준이 확고할 테니 기발한 디자인보다 품질이나 소재를 중요하게 여길 것이다.

실마리를 잡기 위해 '어떤 잡지를 읽을까?'를 상상했더니 어느 정도 타깃의 범위가 좁혀졌다.

이렇게 잡지에 대해서 생각해 봤다면 다음은 '어떤 음악을 즐겨 들을까?' 또는 '좋아하는 TV 프로그램은?', '자주 가는 가게는?' 등을 상상해 보면서 타깃의 해상도를 높여 가면 된다.

타깃의 입장이 되어 연기를 해 본다

그렇다면 소테쓰의 사례는 어떤 식으로 생각해 보면 좋을까?

물론 타깃은 전철 이용객이자 노선 주변 지역에 사는 주민이다. 남녀노소, 취미나 기호도 각양각색인 여러 사람들인 셈이다. 이런 경우에도 타깃의 범위를 좁힐 필요가 있을까?

물론 기존 이용자의 캐릭터는 다양하다. 그리고 전철이 매번 제 시간에 들어오지 않거나 악취가 나는 등 환경이 극도로 나쁘지만 않다면 어떤 사람이든 계속 이용할 것이다. 따라서 이 그룹은 일단 '기본 타깃'으로 삼는다.

여기서 생각해야 할 것은 '미래의 타깃'이다. 나는 향후 도쿄의 번화가인 시부야역까지 연결될 소테쓰를 생각해 미래의 타깃에 대해서 다음과 같이 생각했다.

결혼 3년 차로 내년에 아이가 태어난다. 현재 임대 주택에 살고 있지만, 출산을 계기로 집을 사려고 한다. 연봉은 평균적이고 안정적이다. 남편의 회사는 시부야에 있지만, 시골 출신이라 한가로운 분위기의 마을을 좋아한다. 도시파라기보다 자연파.

위와 같이 여성을 타깃으로 상정했다. 여성을 향후의 타깃으로 삼은 이유는 다음과 같다.

집을 살 때 중요한 것은 대체로 여성의 의견이다. 여성은 비교적 남성보다 집을 선택할 때 더 다양한 요소들을 고려한다. 연식과 내부 구조는 물론 위치, 집 주변 교통 환경 등에도 예민하다.

도쿄와 인근 도시들을 잇는 전철 노선은 정말 다양하다. 도큐 덴엔토시 선, 이노카시라 선, 도요코 선 등 여러 노선 가운데 소테쓰를 선택하게 하려면 여성에게 매력적인 브랜드여야 한다. 향후 도쿄 도심에서 이사를 계획할 때 어떤 철도역 근처에 살 것인지는 주로 그녀들이 결정할 테니 말이다.

현상에서 포착할 수 있는 막연한 타깃보다는 미래의 타깃을 명확하게 떠올려 보면 프로젝트가 나아가야 할 방향이 한층 더 또렷해진다.

이처럼 타깃을 정했다면 타깃의 입장이 되어 연기를 해 보자.

상대방의 입장이 되어 보라는 말은 흔하지만, 정밀도를 얼마만큼 높일 수 있느냐에 따라 얻을 수 있는 결과는 완전히 달라진다. 상상의 해상도를 최대치로 끌어올리면 '정말 그것을 원하는지', '그곳에 가고 싶은지' 등이 보이기 시작한다.

이미 눈치챘을지도 모르겠지만 모두가 정해진 한 방향에서 보고 있을 때 나는 약간 멀리서 보거나 반대쪽을 보는 습관이 있다. 어쩌면 남들의 관점을 무력하게 만들어 버리니 짓궂은 습관이라고 할지도 모르겠다. 하지만 일반적인 각도가 아닌 다른 각도에서 바라볼 때 매번 좋은 답을 찾곤 했다.

타깃의 입장이 될 때는 있는 그대로의 솔직한 감각을 유지하는 것도 중요하다.

회의나 협의하는 자리에만 가면 다른 사람을 거스르지 않을 생각으로, 혹은 자신에게 해가 되지 않도록 '유리한 발언'을 하는 사람도 있을 텐데, 그것은 해서는 안 되는 일이다.

사람은 좋은 말만 하려는 경향이 있다. 무능하게 보이고 싶지 않다는 생각 때문에 나름 센스를 발휘하려 하게 되는데, 거기에 함정이 있다. 자신만의 주관을 가진 한 사람의 인간으로서 솔직한 감각을 잃어버리지 않는 것이 중요하다.

"그거 좋은 생각인데!"

나는 입사 1년 차 직원의 의견에도 자주 맞장구를 친다. 아직 업계에 물들지 않은 사람일수록 솔직하게 있는 그대로 사물을 볼 수 있다고 생각한다. 비즈니스맨은 슈트를 입는 순간 '보통의 감각'을 잊어버리기 쉽다.

"나라면 안 살 것 같지만…", "나는 좋다고 생각하지 않지만…"처럼 자신의 의견을 드러내지 않고 적당히 묻어가려는 표현은 피하자.

"시장 조사 결과는 이게 더 좋다고 하는데요"라는 말도 답답하기만 하다. 그럴 땐 "당신도 안 산다는데, 그럼 소비자는 더더욱 사지 않겠죠?"라는 말을 되돌려주고 싶어진다.

톱 다운으로 생각한다

1장에서 나는 업무 진행 절차를 세우는 전제로써 '목적지를 제대로 정하자'는 것을 강조하고 있다. 이 단계를 확실하게 거치면 프로젝트의 진행이 빨라질 뿐 아니라, 최고의 형태로 목표한 지점에 착지할 수 있다.

최종 결과물의 이미지에서부터 톱 다운Top Down으로 생각하면 목적지에 대한 이미지가 명확해질 뿐 아니라, 무슨 일을 해야 할지 저절로 정해진다. 따라서 그 후의 절차에도 도움이 된다.

논의가 충분히 이루어지지 않은 상태에서 우선 시작해 봤는데 점점 형태가 보이기 시작하는 보텀 업Bottom Up 방식도 나쁘지 않을 수 있으나 효율적이지는 않은 것 같다.

'요코하마 네이처 위크YOKOHAMA NATURE WEEK'라는 이벤트를 요코하마에 있는 어린이 자연공원에서 개최했을 때의 일이다. 이벤트 준비 당시 '포장마차나 푸드트럭이 몇 대 필요할까?'라는 문제가 있었다.

만일 이것을 보텀 업 방식으로 하나하나 생각한다면 시간도 너무 많이 걸리고 최종적으로 어떤 이벤트가 될지 보이지 않을 것이다. 이 이벤트의 목적은 확실하게 수량을 정해서 예산을 짜는 것이 아니다. 이벤트의 질을 높여 많은 사람에게 즐거움을 선사하는 것이다.

- **누가 얼마나 찾아올까?**
- **어디서부터 무엇을 타고 올까?**

- **어떤 동선으로 움직일까?**

- **얼마나 혼잡할까?**

- **이곳에서 무슨 생각을 할까?**

이 부분이 확실하게 시각적으로 구상되어 있으면 공원과 그 일대의 지도를 바탕으로 인원수와 혼잡도를 산출하여 대체로 몇 미터 간격으로 몇 대의 푸드 트럭을 설치하면 좋을지에 대한 답을 찾을 수 있다.

참고로 이 이벤트는 예상을 훨씬 웃돌 만큼 많은 사람이 모여드는 바람에 푸드트럭이 모자라게 된 기분 좋은 계산 착오가 있었지만, 방문자의 만족도는 97퍼센트에 이르렀다.

우선 목적지를 정하자. 목적지가 정해지면 그다음의 진행 절차는 상당히 순조롭다.

이제 2장으로 넘어간다. 목적지를 선명하게 하는 방법을 익혔으니 목적지까지 가기 위한 지도를 그리는 방법을 알아보기로 하자.

CHAPTER 2

목적지까지 가는
지도 그리기

모든 일은 루틴
즉, 습관이다

매일이 새로운 것의 연속일 수는 없다

이 장을 시작하며 꼭 해 두고 싶은 말이 있다. 서두에도 잠깐 언급했지만 일을 제대로 하기 위해 가장 중요한 절차를 정하는 데 전제라고 할 수 있는 이야기다.

그것은 바로 '일은 모두 똑같다'는 사실이다.

업무 진행 절차가 서툴거나 애초에 절차를 정하지 않는 사람은 자신에게 맡겨지는 일이 매번 새로운 일의 연속이라고 인식하는 것 같다. 어떤 업무를 맡느냐에 따라 그 과정은 제각 각이고 돌발상황도 예측할 수 없으니 일을 맡을 때마다 절차를 세운다는 건 피곤한 일이고, 그 자체로 무의미하다고 생각한다. 그렇다 보니 절차를 세우지 않게 되는데 그럴수록 오히려 시간이 더 걸리고 업무가 제대로 될 가능성도 낮아진다.

거듭 말하지만 일을 하는 데 있어 매일이 새로울 수는 없다.

그럼에도 크리에이티브 디렉터는 항상 새로운 일을 하는 것처럼 보이는 모양이다.

물론 날마다 캐릭터를 그리고, 매장 인테리어를 구상하고, 브랜드 로고를 만들고, 브랜드 콘셉트를 생각하는 등 여러 가지 일을 한다. 일을 맡기는 클라이언트도 식품 제조업체에서부터 소매업자, 의류업체, 철도회사, 지방자치단체, 정부기관에 이르기까지 다양하다.

하지만 나에게 일은 그 각각의 내용이 다르다고 해도 모두 마찬가지다.

먼저 무슨 일이든 '마감'이 있다.

주어진 시간 안에 처리하기 위해 스케줄링이 필요하다는 점에서 일은 모두 같다.

또한, 일을 완수하기까지의 태스크Task, 즉 처리 과제도 기본 틀은 같다.

해야 할 일이 1에서 10까지라고 할 때 가끔 '4'가 없는 경우도 있고, '1 다음에 다시 1', '3 다음에 1'이 갑자기 튀어나오는 변칙이 생길 수도 있지만, 기본이 1에서 10이라는 사실은 달라지지 않는다.

모든 일에는 루틴, 즉 일상적이고 규칙적인 습관이 있게 마련이다. 궁리 끝에 탄생한 아이디어나 실행을 거쳐 완성된 결과물이 다를 뿐 과정은 같다.

절차를 제대로 정해놓기만 하면 일상적인 루틴이 되어 무슨 일이든 확실하게 해낼 수 있다. 불필요한 작업은 줄고 실수나 누락이 발생하는 일도 사라진다. "시간에 맞추기 어렵다"거나 "하지 못했다"라는 말도 나오지 않게 된다.

일의 본질은 같다

"루틴이 필요하다고는 하지만, 우리가 하는 일은 경우가 좀 다른데……."

분명 어디선가 이런 말이 들려올 것만 같다. 다들 무슨 이유에서인지 '내가 하는 일은 특수하다'고 믿는다. 정말로 그럴까? 업무의 루틴에 대해서 조금 더 생각해 보자.

예를 들어 디자인 관련 업무는 대개 다음과 같은 과정을 거친다.

조사하기 → 러프 스케치 → 컴퓨터로 대략적인 시안 작성

→ 완성 견본 제출 → 최종본(수정본) 제출

어떤 디자인 분야의 일이든 거의 이런 흐름을 따른다.
그렇다면 기획서를 만들 때는 어떤 흐름일까?

조사 → 방향성 정하기 → 기획서의 순서 정하기 → 문장화

→ 도표나 참고자료 첨부하기 → 완성

물론 여러 가지 패턴이 있겠지만, 대체로 위와 같은 흐름일
것이다.

어떤 일이든 세부 내용이나 대상만 다를 뿐, 커다란 흐름은
모두 마찬가지로 규칙적인 루틴이라는 사실이다. 다르게 보이
는 일도 껍질을 벗겨보면 골격은 같다. 다시 말해 일의 본질은
같다. 그렇다면 절차도 크게 다르지 않을 것이다.

한층 범위를 넓혀 보면 일상적인 행동에도 루틴을 적용할

수 있다.

가령 집을 구할 때를 생각해 보자.

원하는 조건 추려내기 → 동네 후보 좁히기 → 지도에서 위치 확인하기 → 로드뷰를 통해서 분위기 보기 → 직접 확인하기 → 조건 협상 → 결정

요리도 살펴보자.

냉장고에 있는 재료 확인하기 → 레시피 보기 → 부족한 게 없는지 확인하기 → 메뉴 정하기 → 장보기 → 조리하기 → 완성

여행은 어떨까?

여행지 확정하기 → 스케줄 짜기 → 티켓 예약 → 숙소 찾기 → 짐 꾸리기 → 여행하기

일체의 사물이나 현상은 하나하나 그때그때 다른 것이 아니라, 대부분 루틴으로 틀 안에 집어넣을 수 있다.

커다란 흐름은 어느 것이나 모두 같다.

조사하기 → 대략적인 방향 정하기 → 구체적인 계획 정리하기 → 마무리 작업 → 완성

이와 같은 프로세스를 도중에 생략해 변변히 조사도 하지 않고 추진하거나 방향성을 정하지 않은 상태에서 갑자기 세부 사항을 생각하기 시작하면 그 후의 절차가 제대로 이루어지지 않게 된다.

사실 그런 사례가 의외로 많다.

업무 진행을 위한 방법과 절차를 정하는 것을 굉장히 어렵게 생각하는 사람이 있다. 이런 사람일수록 'A 다음에 B를 하고 B를 하면서 C를 준비해서…'라는 식으로 머릿속에 진행 과정을 그려 놓고 해 나가야만 한다.

"어떻게 매번 그런 식으로 일을 할 수 있어?"

이렇게 생각하는 사람이 많은데, 절차를 파악하고 순서대로 반복한다면 일 때문에 고생할 일이 없다. 절차를 정하지 않고 진행하기 때문에 곤란한 상황이 벌어지는 것이다.

내 대답은 단순하다.

세상 모든 일은 일상적이고 규칙적인 루틴이므로 반복하면 된다. 어렵게 생각할 필요가 없다.

트러블도 패턴화할 수 있다

세상 모든 일은 루틴, 즉 일상적이고 규칙적인 습관에 의해 이루어지므로 틀에 끼워 넣을 수 있다.

이렇게 말하면 다음과 같이 반론하는 사람도 있을 것이다.

"일상적인 습관처럼 하려고 했지만 예상치 못한 문제가 생겨서 소용이 없었다."

그러면 나는 이렇게 되묻고 싶어진다.

"그것 역시 전부 예상 범위 안에서 일어나는 일이 아닌가?"

트러블은 크기나 범위의 차이는 있을지라도 어떤 일에든 반드시 따라다니게 마련이다.

상사가 불쑥 뭔가를 시키는 상황은 비일비재하다. 툭하면 지시 사항을 바꾸는 상사, 납기에 임박해서 협의할 사항이 있다는 클라이언트는 어느 업계에서나 흔히 볼 수 있다.

그런 일들은 틀림없이 일어난다. 그러므로 어떤 문제나 사건사고가 발생할지 그 패턴까지 포함해서 파악해 두는 것도 절차의 하나다.

운전에 능숙하고 지리를 잘 아는 택시 운전기사에게 승객이 "롯폰기힐스로 가 주세요"라고 말하면 "모리 미술관이 있는 롯폰기힐스 말씀하시는 거죠?"라며 확인을 한다.

내 짐작으로는 아마도 근처에 있는 비슷한 느낌의 도쿄 미드타운과 롯폰기힐스를 혼동해서 목적지를 말하는 승객이 많아서가 아닐까 싶다. 롯폰기힐스로 가 달라고 해서 그 앞에 내려줬는데 "앗! 죄송해요. 제가 미드타운을 롯폰기힐스로 착각했네요" 하고 말하는 승객이 종종 있는 것이다.

이런 상황을 '발생할 수 있는 돌발상황의 패턴'으로 기억해 두고 피할 수 있도록 사전에 확인하는 대책을 세운 것일지도 모르겠다. 이런 운전기사는 일의 진행 절차를 잘 아는 준비성 좋은 사람이라고 생각한다.

돌발상황이나 트러블도 사전에 패턴화를 해 둔다. 나아가 '트러블을 피하는 방법'이나 '트러블이 발생했을 때 원래 상태로 되돌리는 방법'도 패턴화해 절차를 마련해 둔다. 그렇게 해 두면 어떤 트러블도 예상 범위 안의 것이 된다.

2

루틴을 만들어야
여유가 생긴다

루틴을 늘리고 일을 패턴화하자

나도 예전에는 루틴화(일상화)를 하지 않고 마구잡이로 일을 했었다. 그러다 문득 비효율적이라는 생각이 들었다.

일은 가능한 한 규칙적으로 날마다 있는 일처럼 일상화하여 해 나가기를 권한다. 물론 여러 가지 상황이 있을 테니 전부 똑같이 진행하기는 어려울 수 있다. 그렇다면 다음과 같이 몇 가지 패턴을 만들어 적용해 보면 어떨까.

- **같은 업종에 있는 사람들과 적은 인원으로 진행하는 프로젝트**
- **기업이나 자치단체 등 다른 업종의 많은 사람들과 진행하는 프로젝트**
- **단발성 이벤트로 스케줄이 매우 빠듯한 프로젝트**
- **정기적이고 장기간에 걸쳐 진행하는 프로젝트**

패턴화를 해 두면 매우 편리하다.

예를 들어 다른 업종 사람들과 진행하는 프로젝트일 경우

사전에 특징을 파악해 둔다. '회의를 통해서 결정해야 하니 시간이 걸릴 것 같다'라든가 '내 마음이 곧 상대의 마음이라는 안일한 생각으로는 제대로 소통할 수 없다. 콘셉트에 대한 설명을 꼼꼼하게, 그리고 이해하기 쉽게 하지 않으면 나중에 문제가 발생하기 쉽다' 등으로 말이다.

그러면 상대방이 지방자치단체이건 기업이건 동일한 패턴으로 진행하면 된다는 생각으로 당황스러운 일을 피할 수 있고, 돌발상황이 생기더라도 패턴에 맞춰 대응할 수 있다. 자신이 수행하는 업무의 패턴을 토대로 절차를 세우면 대체로 일이 순조롭게 풀린다.

이때 포인트는 고려해야 하는 패턴의 수를 가능한 한 줄이는 것이다. 한없이 많은 패턴 가운데 '오늘은 어떤 패턴을 적용해야 할까?' 하고 일일이 적용해 보다가는 패턴화가 무의미해진다.

요즘은 어느 회사에서나 다양한 엑셀 양식을 활용해서 경비를 처리하는 패턴화를 하고 있다. 양식을 열고 숫자만 넣으면 일괄로 계산이 되는 식이다. 따라서 패턴화를 하지 않고 일한다는 것은 매번 양식부터 만드는 것과 다를 바 없다.

패턴화하지 않아도 되는 간단한 일일수록 더 패턴화를 하자.

간단하고 익숙한 일이라면 아예 처음부터 시작한들 그다지 큰 수고가 들지는 않겠지만, 티끌이 모여 태산을 이루듯 시간 손실이 커진다. 간단한 일이라고 해도 패턴화를 하지 않으면 장기적으로는 매우 번거로운 일이 될 수 있다. 반대로 패턴화를 하면 시간 낭비가 줄고 여유가 생길 것이다.

루틴의 양을 늘리면 업무의 질이 향상된다

"우리 일은 너무 복잡해서 패턴화 따위 할 수 없다고요!"

이렇게 반발하는 사람이 있을 것이다. 하지만 나는 복잡하고 힘든 일일수록 오히려 절차가 필요하다고 생각한다.

패턴화할 수 있는 부분은 모두 패턴화하여 루틴으로써 절차를 정해 두면 일을 처리할 때마다 에너지를 많이 쏟지 않아도 돼 여유가 생긴다. 그렇게 남은 에너지를 진정 필요한 곳에 쏟는 것이야말로 업무의 질을 높이는 비결이 아닐까.

특히 경험이 부족한 신입이나 많은 업무를 동시 병행하며 진행하는 것이 서툰 사람, 마무리가 허술해서 실수가 많은 사람, 일이 바빠지면 패닉 상태에 빠지는 사람은 패턴화를 통해 절차를 세워 두면 자신만의 페이스를 파악해서 유지할 수 있게 된다. 그리고 본래 자신이 가지고 있는 힘을 100퍼센트 발휘하여 성과를 낼 수 있다.

창의적인 일에는 루틴을 적용하는 것이 적합하지 않다는 의견도 있을 텐데, 오히려 나는 그 반대라고 생각한다. 창의적인 일이기에 굳이 루틴의 양을 늘려야 하는 것이다.

루틴이 많아지면 기본적인 일, 모든 일에 공통적으로 적용되는 기초적인 부분을 빠짐없이 원활하게 해낼 수 있다. 한마디 더 덧붙이면 의식하지 않아도 저절로 해낼 수 있게 된다. 일의 기초가 단단해지고 기본 수준이 향상되어 전체적인 수준이 두드러지게 높아진다는 말이다. 그러면 한층 더 높은 곳을 지향할 수 있게 되고, 과정 중에 질을 높이거나 여러 가지로 궁리할 수 있는 여유가 생긴다.

응용이나 궁리가 가능한 것은 프로의 영역에 도달한 사람뿐이다.

단 한 번도 오므라이스를 만들어 본 적 없는 아마추어에게 밥을 맛있게 볶거나 달걀을 폭신폭신 부드럽게 지져낼 만한 여유는 없다. 초보자는 오므라이스를 만드는 방법부터 파악해야 할 테니 말이다.

프로 요리사에게 오므라이스 만들기는 식은 죽 먹기다. 요리 중에서도 손쉬운, 그야말로 통상적이고 습관적인 작업이다. 눈을 감고도 만들 수 있을 정도다. 그렇기에 더욱 맛있는 궁극의 오므라이스를 궁리할 여유가 생긴다.

패턴화를 함으로써 '해야 할 것은 정해져 있다'고 생각하면 앞으로 일어날 수 있는 일을 예측하기도 쉬워진다. 그러면 과정 중에 트러블이 발생해도 얼마든지 대응할 수 있으며, 설사 그 트러블이 전혀 예상치 못한 것이라고 해도 자신이 가진 여유로 어떻게든 보완할 수 있다.

그러므로 가능한 한 루틴의 양을 늘려 일에 드는 에너지를

줄이자. 그렇게 여유분의 에너지를 만들어 두면 그만큼 업무
의 질도 향상될 것이다.

틀을 정하면 업무의 질과 속도가 달라진다

내가 운영하고 있는 회사인 굿디자인 컴퍼니에서 세상에 내
보낸 디자인 수는 비율로 따지면 다른 일반 디자인 회사의
3~4배나 된다. 그 이유는 일을 진행하기 위한 절차가 잘 짜여
져 있기 때문이라고 생각한다.

 대만의 세븐일레븐 기획관리 업무를 맡아 PB 상품 등을 개
발했을 때도 상당한 양의 디자인을 우수한 품질로 내놓았다.
외주를 주지 않고 모두 사내에서 자체적으로 처리했는데, 그
게 가능했던 이유도 패턴화를 했기 때문이다.
 기본적인 레이아웃은 내가 만들었는데 애초에 디자인의 포
맷을 만들어 버렸다. 글자와 사진을 넣는 방법까지 지정해 버
리면 나머지는 바꿔 넣는 작업만 하면 되니 경험이 부족한 직

원에게 맡겨도 문제가 없다. 최초의 틀에 힘을 쏟아 두면 나머지는 패턴이 되니 편리하다.

패턴화가 가능한 이유는 창의적인 일인 디자인에도 규칙이 있고 정답이 있다고 생각하기 때문이다.

예를 들어 행간은 '글자 급수×1.6을 기본으로 한다'라는 것이 나의 업무 루틴 중 하나다. 또한 '가장자리에서 몇 밀리미터를 띄울 것인가'는 8밀리미터나 12밀리미터 중에서 선택하는 경우가 많다. 이런 규칙을 찾아나가다 보면 점점 효율이 좋아진다.

캐릭터 디자인을 할 때도 어떤 얼굴이 좋을지를 명확하게 설정한 후 그려 나가다 보면 속도가 빨라진다. 쿠마몬을 그릴 때도 구마모토 서프라이즈의 콘셉트를 생각하며 만들었다. '구마모토의 좋은 점을 알릴 수 있는 가장 매력적인 모습을 만들자'는 목표를 가지고 캐릭터의 얼굴을 만들어 나갔던 것이다.

창의성이 필요한 일일수록 오히려 '답이 있다'는 가정하에서 진행해야 한다. 그렇지 않으면 무한한 창의성의 늪에서 영

원히 그 일을 해야 하는 상황에 빠지고 만다.

자신만의 노하우나 규칙을 찾아 나가면서 일을 하지 않는 다면 아무리 열심히 해 봤자 그저 헛수고로 끝나게 된다. 자기 나름의 법칙을 찾지 못한 채 계속해 본들 10년이 지나고 20년 이 지나도 성장하지 못한다는 말이다.

선택지를 줄이면 스트레스가 줄어든다

나는 매일매일 하는 일까지도 루틴화하기 위해 여러 가지 궁리를 한다.

그래서 우선 각 업무의 '요일'을 정해 버렸다.

매주 쓰레기 처리가 잘 이루어지는 이유는 쓰레기 배출일이 요일로 정해져 있기 때문이다. 월요일에는 가연성 쓰레기, 화요일에는 불연성 쓰레기 등으로 정해져 있으면 요일에 맞춰서 쓰레기를 버리게 되고, 이를 자꾸 반복하다 보면 잘 잊어 버리지 않게 된다.

업무도 마찬가지다. 요일별로 할 일을 정해서 진행 절차를 정해 두면 일상적이고 규칙적인 루틴이 되어 원활하게 일이 진행된다.

예를 들면 자신이 담당하는 클라이언트에 대해서 월요일에는 A사, 수요일에는 B사, 목요일에는 C사의 일을 한다는 기본 방침을 정해 둔다. 매주 팀 미팅 일정을 정할 때도 회의 시간은 매주 화요일 열 시로 정해 두는 것이 어떻겠느냐고 제안한다. 물론 방법은 여러 가지가 있다.

나 역시 연간 계약을 맺은 복수의 고객사가 있어서 클라이언트별로 미팅 요일을 정해 두었더니 일정도 깔끔하게 정리되고 준비도 원활해졌다.

혼자서 하는 일이라도 일하는 장소, 시간, 일의 내용까지 구체적으로 정해 버리면 효과적으로 루틴을 늘릴 수 있다.

물론 매일같이 회사로 출근해 자기 책상에 앉아 일하는 사람은 일하는 장소나 시간까지 일일이 정할 필요는 없다. 그럼에도 하나씩 만들어 둔 소소한 루틴은 스트레스를 줄이는 데 큰 도움이 된다.

나처럼 직접 회사를 운영하는 사람이나 프리랜서로 일하는 사람은 기본적으로 언제, 어디서, 무엇을 하든 자유다. 왠지 좋을 것 같지만 매번 뭔가를 선택해야 하는 상태는 의외로 심리적 부담이 들게 마련이다.

예를 들어 매일 사내식당에서 A 메뉴와 B 메뉴를 놓고 고르는 정도라면 선택에 대한 부담이 그리 크지는 않을 것이다. 그런데 어디서 무엇을 먹든 괜찮은 상황이라면 어떨까?

"오히려 결정 못하겠어!"

이렇게 소리치게 되지 않을까.

야구선수 이치로가 타석에 들어설 때 루틴으로 해온 동작을 하는 것도, 스티브 잡스가 같은 옷만 입었던 것도 모두 선택지를 줄이는 행동이었다. 나도 청바지나 티셔츠는 같은 것을 여러 벌 갖춰 놓고 있는데, 그 이유는 아침마다 옷 고르는 일에 에너지를 쓰고 싶지 않아서다. 루틴화를 통해 결정하는 횟수를 줄이면 진짜 중요한 부분에 집중할 수 있다.

- **선택지를 줄인다.**
- **고민하는 횟수를 줄인다.**

그러기 위해서 나는 사무실이나 그 외 업무 환경에 대해서도 여러 가지로 궁리하고 있다.

내 사무실 책장에는 책이 높이 순서대로 정리되어 있다. 보통은 카테고리로 구분해 놓는 경우가 많을 텐데, 그렇게 하면 애매한 범주의 책을 찾을 때 시간이 걸린다. 단순하게 높이 순서로 꽂아두는 편이 '그 책이라면 아마 이쯤에 있었지' 하고 쉽게 떠올릴 수 있다.

내 컴퓨터 데스크톱 화면에는 '진행 중'과 '완성'이라는 두 개의 폴더만 있다. 그 폴더를 열면 고객사 이름이 붙은 폴더가 주르륵 나타난다. 찾는 폴더가 진행 중인 것인지 완성된 것인지로만 크게 나눠 놓고 이 두 가지 폴더만 데스크톱에 띄워 놓고 있다.

흔히 데스크톱 화면 가득 폴더를 몇 십 개씩 나열해 놓는 사람이 있는데, 그러면 그중에서 필요한 하나의 폴더를 찾아야 할 때마다 스트레스가 쌓인다.

잊지 말자. 가능한 한 선택지를 줄이는 것이 포인트다.

시간도 공간도 되도록 단순하게 구성하자.

규칙적인 루틴을 통해 선택이나 결단이 필요한 수를 가능한 한 줄여서 그만큼의 에너지를 중요한 일에 쏟는 것이다. 그러면 한층 더 나은 성과를 얻을 수 있다.

대단한 것을 하려고 생각하지 말자

가능한 한 결단이나 선택에 에너지를 쓰지 않고 담담하게 일을 진행한다.

물론 힘을 쏟아야 할 때는 에너지를 집중시켜야겠지만 그보다 중요한 순간에 에너지를 집중시키기 위해서라도 그 밖의 일에는 가급적 힘을 쏟지 않고 해 나가야 한다. 그래서 힘을 쓰지 않아도 진행되는 구조를 만들어 두는 것이 중요하다.

루틴과 비슷한 얘기일 수 있는데, 나는 때때로 직원들에게 이 말을 한다.

"뭔가 대단한 것을 하려고 생각하지 마세요."

하지만 신입 디자이너나 크리에이터들은 종종 '대단한 일을 해내고 말겠어!'라는 쓸데없는 다짐을 한다. 이는 업종과 상관없는 얘기일 수도 있다.

'세상에 둘도 없는 특별한 것을 만들어 내고야 말 거야.'

'모두가 놀라서 입이 벌어지도록 반드시 프로젝트를 성공시켜야지.'

중요한 일이라고 생각하면 할수록 거하게 힘을 쏟아버리는 것이다.

이처럼 '대단한 것'을 꿈꾸는 야망이 있으면 절차 따위는 아무래도 상관없다고 생각하기 쉽다. 그리고 절차를 따르는 것은 창의적인 일과 도무지 어울리지 않는다고 생각한다.

"단순한 업무를 할 때는 절차가 도움이 될 수도 있겠지만, 창의적인 일에는 번뜩이는 아이디어와 기세가 더 중요하다!"

그런데 대단한 것을 지향하다 보면 힘이 분산되고 만다.

'지금 시장에 필요한 것은 아무도 본 적 없는 새로운 상품이다!'

야망으로 눈이 흐려져 이런 잘못된 목적을 갖게 되면 세부적인 요소들을 놓치게 된다. 그래서 업무가 주어진 상황을 바르게 파악할 수가 없게 된다. 또, 시작 단계에서 힘을 다 써버

려서 일을 끝맺지 못할 수도 있다. 힘이 가장 필요한 순간은 일을 실행해 나가는 때다.

이를테면 "나는 거물이 되어야겠어, 반드시 사장이 되고 말 거야!"라는 야망만 있고 사업 계획도, 재무 계획도 전혀 없는 기업가나 마찬가지다. 그런 상태에서 "모두 나만 믿고 따라와!"라고 한다면 과연 따를 사람이 있을까? 투자는 제대로 받을 수 있을까? 의욕만으로는 결국 아무것도 이룰 수 없다.

야망을 불태우기 전 확실하게 절차를 정해서 담담하게 진행해 나가자. 늘 같은 패턴으로 일을 하는 구조를 만드는 것이다. 하나하나 루틴을 반복하며 실행해 나가면 시간과 생각에도 여유가 생긴다. 그 여유로 일의 질을 높여 가자.

그렇게 해서 결과적으로 새로운 것, 대단한 것, 모두에게 도움이 되는 것이 완성되면 틀림없이 자연스럽게 세상이 알아줄 것이다.

남들이 하지 않은 획기적인 일, 대단한 성과는 지향하는 것이 아니라 일의 목적을 이루었을 때 따라오는 것이다. 그러기

위해서는 확실하게 목표를 달성해야 한다. 또한, 목표 달성을
위해서는 일의 진행 절차를 갖춰야 한다.

콘셉트는
프로젝트의 감독이다

이해하기 쉬운 표현을 마련한다

이제 구체적으로 목적지까지 안내하는 지도 그리는 방법을 설명하고자 한다. 지도가 없는 상태에서 걷기 시작했다가는 다른 장소에 가 있거나 도중에 길을 잃고 만다.

사전에 지도를 제대로 그려, 그 지도를 따라 걸어 나가는 것이 중요하다.

대부분의 일은 혼자서는 끝낼 수 없다.

예를 들어 편집자는 저자, 디자이너, 편집장, 인쇄소 담당자 등 여러 사람과 팀을 이뤄 일을 한다.

따라서 팀으로 움직일 때는 '무엇을 할 것인가?'를 공유해야 한다. 목적을 공유하고 같은 방향을 보는 것이 중요하다.

내가 하는 일에서는 프로젝트마다 콘셉트를 정한다. 모두가 공유할 수 있는 이해하기 쉬운 표현을 마련하는 것이다. '일의 목적을 한 마디로 나타내는 표현'이 있다면 망설여질 때 원점으로 되돌아갈 수 있기 때문이다.

팀의 구성원들에게는 각자 나름의 입장이 있다. 자금 담당자는 가능한 한 비용을 줄이려 할 테고, 스케줄 관리자는 가능한 한 납기를 지키려 할 것이다. 이렇다 보니 팀 안에서는 각자의 서로 다른 생각이 꿈틀거리기 마련이다.

어느 한 사람의 생각을 우선하게 되면 팀으로 하는 일은 순조롭게 진행되지 않는다. 팀원 모두가 각자의 생각을 뛰어넘어 한 방향으로 진행해 나가기 위해서라도 콘셉트는 필요하다.

소테쓰 프로젝트에서는 '안전×안심×고품격'이라는 콘셉트를 공유했다.

'아무리 스타일이 멋있다고 해도 안전하지 못하고 안심할 수 없으면 안 된다', '안전, 안심만 추구한 나머지 품격을 잃어버려서는 안 된다'처럼 모두가 이해하기 쉬운 표현을 만들어두기만 해도 뚜렷한 인식 아래 흔들림 없이 일을 진행해 나갈 수 있다.

그리고 팀원 모두가 "이 프로젝트는 ○○이다"라고 한 마디로 말할 수 있는 상태로 만드는 것이 가장 바람직하다.

그렇다면 콘셉트는 어떻게 정할까?

소테쓰의 '안전×안심×고품격'이라는 콘셉트는 이렇게 정해졌다.

먼저 철도사업에서 빼놓을 수 없는 단어인 '안전'을 꼽았다. 철도회사에서 안전한 운행이라는 것은 당연한 덕목이다. 더 나아가 안전을 중심으로 '바닥에 설치된 시각장애인용 점자 블록 등은 정말로 안전한가?'와 같은 세세한 부분까지 체크하고 개선할 수 있으니 이보다 더 중요한 키워드는 없을 것이라고 생각했다.

다음으로 '안심'은 고객들이 생각하는 철도회사의 본질을 담았다. 승객은 제시간에 도착하고, 깔끔하게 유지되는 열차를 안심하고 이용한다. 또한 사원이나 경영진까지도 안심할 수 있는 프로젝트여야 한다는 의미까지 생각했다.

마지막으로 '고품격'은 어떻게 태어났을까?

안전, 안심에 대한 추구는 철도회사라면 당연한 사항이다. 그래서 소테쓰만의 포인트를 찾았다.

소테쓰는 요코하마라는 지역을 달리는 전철이다. 그렇다면 요코하마는 어떤 매력을 가지고 있을까. 산뜻한 분위기? 향수를 불러일으키는 느낌? 세련된 도시? 다양한 이미지를 고민한 끝에 '고품격'이라는 말에 도달하게 되었다. 고품격이 선정된 이유에 대해서는 조금 뒤에서 이야기하겠다.

콘셉트는 이른바 '감독'과 같은 역할을 한다.

일을 진행하다 보면 직책이 높은 사람이나 목소리 큰 사람들에 휘둘리는 상황이 종종 발생한다. 디자인을 협의하는 중에 누군가 이렇게 말한다면 어떨까?

"(좋아하는 색이니까) 이건 빨간색으로 하는 것이 좋겠는데요."

이때 콘셉트가 뚜렷하다면 이렇게 반론할 수 있다.

"이 사업의 콘셉트는 '안전×안심×고품격'으로 정했고 승인도 받았습니다. 그러니 좋고 싫고를 떠나서 빨간색이 고품격이라는 생각이 드는지, 안심할 수 있는지, 안전한지를 판단하는 것이 중요합니다."

콘셉트를 정하는 것뿐 아니라, 콘셉트를 되돌아보는 것도 매우 중요하다. 그래서 나는 빈번하게 콘셉트에 대해 묻곤 한다.

"안전하고 안심할 수 있으며 고품격인가요?"

모두가 꿈을 가질 수 있는 콘셉트

오해를 각오하고서라도 굳이 말을 하자면 사실 소테쓰에 '고품격' 이미지는 없었다. 오히려 약간 촌스러운 노선이라는 이미지가 강했다.

그렇다 보니 '고품격'이라는 콘셉트를 내거는 것이 조금 창피하다거나 위화감이 든다는 사람도 있었다. 그러나 앞서 말한 것처럼 목적과 결과는 다르다. 우리의 목적은 기존 소테쓰의 이미지를 그대로 차용하는 것이 아니라 약간의 가능성이라도 찾아 오히려 한층 끌어올리는 것이었다.

물론 목적과 결과가 일치하는 것이 가장 좋지만, 목적과 결과는 달라도 상관없다. 남이 어떻게 생각할지 또는 그것이 가능한 일일지와 같은 생각은 일단 제쳐두고 프로젝트의 목표를 위해 지향하고자 하는 바를 목적으로 삼아야 한다.

"소테쓰는 고품격과는 거리가 멀지"라고 모두가 말한다 해도 새로운 이미지를 추구하고 싶다면 끝까지 지향하는 바를 주장하자. 그렇게 해서 꿈을 이루어 나가면 되는 것이다.

물론 실태와 목적이 너무 동떨어져 있어, '완전히 무리'라면 관두는 게 나을 수도 있다. 그러나 조금이라도 가능성이 있다면 반드시 도전해 보는 게 좋다.

"도쿄 한가운데서 가장 기분 좋은 장소가 되고 싶다."

이것은 2007년 문을 연 최첨단 복합 문화 공간인 도쿄 미드타운의 콘셉트다. 카피라이터인 히루타 미즈호蛭田 瑞穂 씨의 카피로 굉장히 멋진 표현이라고 생각한다.

이 카피가 마음에 드는 이유는 '기분 좋은 장소가 되고 싶다'는 표현 때문이다. 보통은 '기분 좋은 장소다'라고 밋밋하게 얘기하게 마련인데, 굳이 '되고 싶다'는 표현을 씀으로써 기대감을 은근하게 내비치는 세련된 카피가 될 수 있었던 게 아닐까 싶다.

기분 좋은 장소에 대한 정의는 사람마다 다르다. 바다가 좋다는 사람이 있는가 하면 산이 좋다는 사람도 있다. 그러므로 모든 사람의 취향을 만족시킬 수 없는 한 '이곳은 기분 좋은 장소'라고 단언해 버리면 우스워질 수 있다.

하지만 '기분 좋은 장소가 되고 싶다' 정도의 표현이라면 아무도 거부감을 느끼지 않을 것이다. 이와 같은 방법으로 프로젝트의 목표를 내세운다면 분명 사람들의 마음을 붙잡을 수 있으리라 생각한다.

소테쓰 역시 '전국의 어느 노선보다 더욱 넉넉한 노선을 가지고 싶다'는 정도의 마음은 가져도 좋지 않을까.

기업도 꿈을 가져야 한다.

누구나 어릴 적에는 마음속에 꿈을 품는다. 그런데 어른이 되면서 왠지 창피해서 드러내놓고 말을 못 하게 된다. 이것은 기업도 마찬가지다.

사업을 시작할 무렵에는 꿈밖에 없었을 텐데, 어느 사이엔가 꿈을 잃어버리거나 갖지 않게 되어 버린다. 그럴수록 더더욱 꿈을 가져야 한다. 설령 그 결과가 마음에 품었던 꿈과는 다소 다른 것일지라도 상관없다. 지향하는 바가 없다면 아예 더 나은 목표에는 도달할 수조차 없으니 말이다.

한 번쯤 곱씹게 만드는 멋진 영문 카피나 격언을 흔히 본다. 분명 근사하기는 하다. 하지만 '그 말을 들었을 때 나는 무엇을 할 것인가?'는 좀체 떠오르지 않는다. 구체적으로 무슨 메시지를 전하고 싶은지가 바로 와닿지 않기 때문이다.

하지만 소테쓰가 '넉넉한 노선 구축'이 목표라고 말할 경우 그것은 이해하기 쉽고 명확하다. 물론 넉넉함이란 무엇인가에 대해 논의를 해봐야겠지만 그런 논의가 시작되는 것마저 멋진 일이다.

멋진 콘셉트는 이해하기 쉽다. 이해가 되면 행동은 저절로 따라가게 마련이다.

똑같은 단어라도 그 뜻은 다를 수 있다

콘셉트를 정할 때는 물론이고 일을 본격적으로 진행할 때도 서로가 하는 말에 민감하게 반응하는 것이 중요하다. 상대방의 말이 가진 진짜 의미를 파악하지 못하면 프로젝트는 엉망이 될 수도 있다.

"현재 디자인과는 완전히 다른 새로운 스타일이면 좋겠어요. 그렇다고 해서 지나치게 멋을 부리지는 않았으면 좋겠고요."

신제품에 대해서 협의하던 중 한 클라이언트가 이렇게 말을 한 적이 있었다. 그 사람에게 디자인은 곧 '멋 부리는 것'이라는 정의가 있었던 것 같다. 그런데 기존 디자인을 살펴보니 디자인의 틀 자체가 이미 멋이 잔뜩 들어간 상태였다.

"디자인을 지나치게 멋스럽게 하고 싶지 않다고 하셨는데, 지금 디자인도 충분히 멋스럽네요. 지금보다 덜 멋스럽게 해 달라는 주문이시죠?"

내가 그렇게 말하자 상대방은 어리둥절한 모양이었다.

이런 어긋남의 원인 중 하나는 디자인은 장식성이 높고 뭔가를 더해 가는 것이라는 오해에서 비롯된다. 하지만 디자인의 본질은 기존의 상태에서 보다 좋게 만드는 것으로, 철저하게 장식을 깎아 나가는 것 역시 디자인이다.

그리고 또 하나의 원인은 '멋'이라는 단어를 사람마다 다르게 받아들인다는 것이다. 멋이라는 단어뿐만 아니라 말이라는 것 자체가 결코 절대적인 것이 아니다. 또 말 한마디만으로 서로를 이해하는 것 역시 상당히 어려운 일이다. 그러므로 자신이 생각한 어떤 표현이나 아이디어가 있다면 가능한 한 다른 사람에게 오해 없이 객관적이고 구체적으로 설명하는 습관을 들이자.

직종에 상관없이 사람마다 말의 의미가 다르다는 점을 이해한 상태에서 서로 간에 벌어진 틈을 메워나가야 한다.

먼저 아는 것에서부터
모든 것은 시작된다

절차는 준비가 90퍼센트

일의 목적지를 정하고 프로젝트의 콘셉트를 정할 때 전제가 되는 것은 바로 정보 수집이다. 먼저 알지 않으면 일이 순조롭게 진행되지 않는다.

《센스의 재발견: 센스란 무엇인가?》라는 책을 출판했을 때 많은 독자들이 놀랐다는 후기를 보내주셨다.

'센스는 타고나는 것, 어느 날 갑자기 아이디어가 번뜩이는 것'이라고 생각하는 사람이 그만큼 많았다는 얘기다. 그런데 센스는 많은 지식을 쌓은 다음 그 안에서 최적의 조합을 생각했을 때 생겨나 갈고 닦여 간다.

절차도 센스와 비슷해서 지식 없이는 만들어지지 않는다.

지식을 쌓아 준비가 되어 있으면 그만큼 절차도 원활해지고 일의 정밀도 역시 높아진다. 절차는 준비가 90퍼센트라고 해도 과언이 아니다.

• 절차를 정하기 전 진행하는 일과 관련이 있는 모든 지식을

검색한다.

* **절차와는 무관한, 아무 관련이 없을 것 같은 지식까지 쌓아 나간다.**

이런 습관을 들여 두면 오랜 세월에 걸쳐 사용할 수 있는 자신만의 재산이 될 것이다.

2014년 소테쓰의 브랜드 재구축 프로젝트를 맡았을 때도 나는 소테쓰에 대해서 조사하는 일부터 시작했다. 내가 가지고 있던 낡은 지식을 모두 밀어버리고 '소테쓰다움이란 무엇일까?'에서부터 시작해 새로운 지식을 덮어 써 나갔다.

1917년에 창립한 소테쓰는 100년이 넘었다. '1917년에 창립했구나. 이렇게나 오래된 철도였다니!'라는 소박한 인상에서부터 역사를 포함한 지식을 머릿속에 넣어갔다. 맨 처음 사가미강相模川의 자갈을 운반하기 위해 만들어졌다는 이야기를 들으니, 과연 '요코하마라는 도시를 만들어낸 전철'이라는 생각이 들었다.

소책자 한 권이 완성될 정도로 조사한다

어떤 일이든 기본 정보를 머릿속에 넣는 일은 반드시 필요하다.

이는 당연하게 여기면서도 놓치기 쉬운 부분이다. 신규 클라이언트라 정보가 많지 않다고 해도 고객사 홈페이지를 보면 대략적인 연혁은 파악할 수 있다. 이런 약간의 수고를 아껴서는 안 된다.

소테쓰뿐 아니라, 일을 할 때는 대부분 조사를 진행한다. 종종 전문기관에 의뢰하는 경우도 있다. 그래서 '한 권의 단행본을 만들 정도까지는 아니어도 소책자 정도는 쓸 수 있는 수준'까지 조사한다.

가령 새를 활용해 로고를 만들 때는 조류 연구 전문가인 대학교수를 찾아가 "의견을 주십시오" 하고 인터뷰를 부탁하기도 한다. 번거롭다고 생각할 수도 있겠지만 막상 해 보면 내 머릿속에서는 도무지 떠올릴 수 없는 사실과 영감들이 땅에서 캔 고구마처럼 줄줄이 달려 나와 그만둘 수 없게 된다.

직접 조사하는 방법 이외에 다양한 사람들에게 묻는 것은 정보를 수집할 때 빼놓을 수 없는 프로세스다.

맡겨진 일에 대해 사전 지식을 파악할 때 직접 조사하는 것에는 한계가 있다. 그런 점에서 클라이언트의 지식은 웹사이트나 책으로 조사하는 것보다 훨씬 깊고 풍부하다. 클라이언트와의 자연스러운 대화 속에서도 커다란 수확을 얻을 수 있다는 것을 잊지 말자.

순수한 호기심이 무기가 된다

정보를 수집할 때 우리는 어떻게 정보를 찾을 것이냐를 먼저 생각한다. 하지만 그보다 중요한 것은 관심을 갖는 것이다. 오로지 그 대상에 집중하여 관심을 갖는 것. 이런 자세가 있느냐 없느냐에 따라 지식을 쌓는 양이 달라진다.

어릴 적 'N게이지'라고 불리는 철도 모형을 가지고 놀았던 나는 원래 기차를 좋아해 관심이 많은 편이었다. 하지만 소테쓰 프로젝트에 전문 지식을 제공할 수 있을 정도의 철도 마니아라고 할 수는 없었다. 말하자면 지식적인 면에서도 부족하고 마니아도 아니지만, 기차를 좋아하는 딱 그런 수준이었다.

하지만 이런 수준의 관심만으로도 '더욱 알고 싶다', '알려 달라'고 하는 첫걸음을 내디딜 수 있다. 좋아한다는 것만으로도 상대방은 호의를 갖고 얘기를 들려줄 수 있다. 그렇게 지식이 쌓여 간다.

나는 초보적인 궁금증에서부터 시작해 차츰 깊이 있는 질문을 해 나갔다. 기본적으로 궁금했던 것들이 해소되면 오히려 점점 더 흥미가 생겨 잘 몰랐던 것까지 질문을 하게 된다. 그렇게 해서 답을 들으면 새로운 지식이 머릿속에 또 하나 쌓이게 되는 것이다.

어느 날 소테쓰 관계자들과 잡담을 나누던 중 어떤 차량을 좋아하느냐는 질문이 나왔다.

"저는 '차장차'를 좋아합니다."

그 말에 관계자들이 눈을 반짝이며 낮은 목소리로 "오~" 하고 짧게 탄성을 지른 적이 있다.

차장차는 화물전동차의 맨 뒤에 별도로 달린 차량으로 과거에 승무원이나 보급품 등을 싣던 칸이다. 최근에는 직행전동차가 많아지면서 연결하는 일이 거의 없다. 어렸을 적에 좋아했던 기억이 있어서 그렇게 대답했을 뿐이다.

하지만 전문가들은 '철도에 대해서 하나도 모르는 아마추어에게 전동차니, 설비니 말해 봤자 안 통할 게 뻔한데, 이 친구는 의외로 말이 통하겠는데'라고 생각한 모양이다. 덕분에 질문하기가 훨씬 수월했고 더욱 여러 가지 얘기를 들을 수 있었다.

질문은 너무 잘 알아도, 또 너무 몰라도 할 수 없다는 말이다.

뭔가를 배운다는 것은 그것을 가르쳐주는 상대방의 에너지를 쓰게 만드는 일이다. 따라서 존중하는 마음으로 부탁해야 한다. 그래야 질문을 할 때 실례를 범하는 일이 없을 뿐 아니라, 상대방도 한층 더 좋은 마음으로 가르쳐줄 수 있다.

최고의 인터뷰어가 되어라

"아무리 그래도 내게 맡겨진 일인데, 클라이언트에게 가르쳐 달라는 것이 실례가 되진 않을까요? 혹은 너무 안이하게 보일 수도 있을 것 같으니 모든 것은 직접 조사해야 합니다."

이런 의견도 있을지 모르겠다. 하지만 전체상을 파악한다는 의미에서도 클라이언트와의 인터뷰는 없어서는 안 된다. 상대방의 얘기를 듣지 않고 직접 조사한 지식으로 절차를 세우다 보면 나중에 중요한 단계를 빠트리는 실수가 벌어질 수도 있다.

소테쓰는 브랜드 리뉴얼의 일환으로 차체 색과 차량 내장을 교체하기로 했다.

'차체 색은? 도장은?'

'그에 맞는 좌석 시트는 어떻게 하는 것이 좋을까?'

'손잡이는 어떻게 할 것인가?'

이와 같이 먼저 해야 할 일을 전부 추출하고 그것을 조합해서 리뉴얼에 필요한 절차를 세워 나갔다고 해도, 해야 할 일을 하나라도 빠트리면 단단하게 세운 절차가 아무 의미 없는 것이 되어 버린다.

그런데 하마터면 그런 실수를 저지를 뻔했다.

전동차 지붕에는 팬터그래프Pantagraph라는 전선과 전동차를 이어 전력을 보급하는 장치가 설치되어 있다. 소테쓰의 경우 기존 차량의 팬터그래프는 길고 가느다란 금속이 교차하며 이어지는 마름모꼴이었다.

어릴 적 나는 그 마름모꼴의 금속을 크레파스로 그려 넣어 왔기에 이는 전동차에 있어 당연한 것이라고 생각했다. 마치 엔진처럼 '디자인이 관여할 여지가 없는 고정된 부분'이라고 믿었던 것이다.

우연히 전동차 지붕 디자인을 정리하다가 "팬터그래프는 항상 마름모꼴인 것 같아요"라고 한 마디를 던지지 않았다면 계속해서 그렇게 생각했을 것이다. 관계자들은 고개를 갸웃거리며 말했다.

"팬터그래프도 여러 가지 종류가 있습니다."

내 입장에서는 '원래 그런 것'이라고 생각해서 물어보지를 않았고, 소테쓰 직원 입장에서는 '당연한 지식'이라 굳이 말하지 않은 탓에 생긴 문제였다. 덕분에 중요한 지식을 나누지 못한 것이다.

이야기를 자세히 들어 보니 팬터그래프에는 마름모꼴 이외에 마치 구부린 팔처럼 생긴 싱글암Single Arm이라는 것도 있으며, 이 두 가지를 비교한 결과 새로운 차량에는 최근 많이 사용하는 싱글암 팬터그래프가 적합하다는 결론이 나왔다.

향후 소테쓰에 어울리는 새로운 전동차를 구상 중인데, 마름모꼴의 팬터그래프를 그대로 사용한다면 전철에 대해서 잘 아는 사람 눈에는 새로운 전동차에 구식 마름모꼴 팬터그래프가 조화롭지 않게 보일 수도 있었다. 게다가 정말 모든 것이 새롭게 바뀐 것인가 하는 의문이 들 수도 있었다.

정보를 제대로 나누지 못한 소테쓰와 같은 상황은 의외로 자주 일어난다. 덕분에 새삼 질문의 중요성을 다시 인식하는 계기가 되었다.

그리고 다행스럽게도 새로운 지식을 통해 팬터그래프 변경 여부라는 공정이 더해지면서 더는 빠진 부분 없이 절차를 세위 나갈 수 있었다.

다 아는 척해서는 안 된다

나는 철도든 식품이든 여성용 자전거든 IC카드든, 그것이 무엇이든 간에 매우 흥미롭고 궁금해서 그런 마음을 솔직하게 말과 행동으로 드러낸다. 그렇게 질문을 하면서 지식을 쌓는 일이 무척 즐겁고 신난다. 호기심이 많은 사람은 지식을 흡수하는 것에 유리하다고 생각한다.

반대로 호기심이 없는 사람도 뭔가를 조사하다 보면 더 많이 알고 싶고 궁금해지기 마련이다. 조사하면 할수록 모르는 것이 툭툭 튀어나와 그것을 확인하고 싶어지기 때문이다. 자신이 호기심이 많은 유형이 아니라면 차분하게 조금씩 궁금한 것의 영역을 확대해 나가 보자.

끊임없이 질문이 튀어나오는 또 하나의 이유는 내가 똑똑하지 않아서라고 생각한다. 겸손을 떠는 것도 비꼬아서 하는 말도 아니다. 나는 정말 내가 똑똑하지 않다고 생각한다. 그래서 모르는 것이 있으면 그 자리에서 바로 질문해서 궁금증을 해결한다.

업계를 불문하고 얘기를 시작하면 단번에 쏟아내는 사람이 종종 있다. 그런 사람과 이야기하는 도중 모르는 단어나 내용을 들었다면 보통 어떻게 하는가? 일단 '어른'이라면 알 듯 모를 듯한 표정으로 고개를 끄덕이며 두루뭉술하게 넘기고는 나중에 슬며시 검색해 보지 않는가? 나도 물리적인 나이로는 충분히 어른이기는 하지만 지금도 모르는 것이 많다. 그렇다고 모르는 채 그대로 넘어가지는 않는다.

"저기, 아까부터 이야기에 등장하는 ○○라는 게 뭔가요?" 하고 마치 아이처럼 반드시 묻는다.

프로젝트를 진행할 크리에이티브 디렉터를 선정하는 것은 대체로 기업의 대표다.

현장에서 일하는 사람들 입장에서 나는 '사장이 데려온 사람'이 되는데, 때문에 모두가 일단은 '선생님'이라는 호칭으로 부른다. 그런데 나마저 그것을 진심으로 받아들여 어른인 척,

선생님 같은 얼굴을 했다가는 그것으로 끝장이다.

- **잘난 척하지 않는다.**
- **부끄러워하지 않는다.**
- **다 아는 척하지 않는다.**

나는 모르면 모른다고 분명하게 말하고, 현장 사람들 앞에 서 있는 그대로 자신을 속속들이 드러낸다.

이런 태도가 원래부터 몸에 배어 있어서 다행이었다. 그렇지 않았다면 묻고 싶은 것도 묻지 못해서 준비를 충분히 할 수 없었을 테니 말이다.

내가 이 일을 하는 목적은 나를 돋보이게 하는 것이 아니라 '일을 잘 마무리하는 것'이다. 이 목적이 흔들리지 않도록 해야만 일을 진행하는 절차도 원활하게 이루어진다.

브랜드 재구축도 지식에서부터 시작된다

절차는 지식에서부터 시작된다. 가야노야의 경우도 습득한 지식이 브랜드에 제대로 연결된 사례다.

가야노야는 무첨가 조미료 브랜드로, 특히 '가야노야 다시 팩'은 요리에 관심이 있는 사람이라면 대부분 알고 있다.

제조 및 판매를 맡고 있는 구바라혼케久原本家 그룹은 1893년에 창업한 오랜 전통의 식품 제조업체다. 가야노야의 인기가 높아지면서 회사에서는 좀 더 신중하게 향후의 브랜딩을 생각하고 싶다며 내게 의뢰를 해 왔다.

의뢰가 들어와 기쁘기는 했지만 조금 난처했다. 가야노야에서 계속 사용하고 있는 로고에 굳이 손을 대야 하나 싶을 정도로 로고가 가진 브랜드 방향성이 나쁘지 않았기 때문이다.*

다만 앞으로도 세계적으로 뻗어 나갈 가야노야의 미래를 생각했을 때, 지금까지 사용한 로고의 친숙하고 따뜻한 이미

---

* 가야노야의 다시팩 패키지에는 '초가집(茅乃舍)'이라는 뜻에 맞게 흑백의 초가집 사진이 들어가 있다. 그리고 고풍스러운 필체로 가야노야라고 쓰여 있다.

지보다는 좀 더 세련되고 고급스러운 느낌으로 바꾸는 편이
나을 것 같기도 했다.

그래서 나는 모든 지식을 취합한 뒤 상상을 더하며 준비를
시작했다.

후쿠오카에 '레스토랑 가야노야'가 오픈한 것은 2005년
9월 2일의 일이다. 초가지붕을 얹은 그 건물은 전국적으로 론
칭할 점포들의 시작이 될 플래그십 스토어였다.

"고생 끝에 마침내 가게를 오픈한 날 밤, 가게 뒤편에 있는
산골짜기에 보름달이 환하게 떴었지요."

업무 협의 자리에서 흐뭇한 표정으로 말씀하시던 사장님의
얘기가 강하게 인상에 남았다. 그리고 '옳지! 산이 있었지' 하
는 생각이 들었다. 그때 문득 이것이 새로운 브랜딩의 힌트가
될 것 같았다.

나는 바로 지도를 찾아 살펴보았다. 레스토랑 가야노야와
회사가 취급하는 모든 브랜드를 갖춘 숍인 구바라혼케 본점
사이에는 일본 신화 속 태양신인 아마테라스 오미카미天照大神
를 모신 신사가 있다. 그리고 아마테라스 오미카미에 대해서

조사하다가 그가 동굴에 숨었다는 이야기는 개기일식 현상을 의미하는 것이라는 설이 있다는 사실도 알았다.

가게를 오픈한 날 밤에 환하게 떴던 보름달, 그리고 태양신을 모신 신사…….

거기서 탄생한 것이 가야노야를 '달과 태양이 수호하는' 이미지였다. 그렇게 해서 나는 원형의 심벌마크를 만들어냈다. 참고로 원형 심벌마크의 선 굵기가 미묘하게 다른 이유는 개기일식처럼 달과 태양이 함께 있는 것을 의미한다.

현재 가야노야는 미국에도 진출했으며, 향후 세계 각국으로 진출할 계획이다. 그래서 지구가 연상되는 둥근 원을 사용했다. 이 원은 '엔소円相'를 나타내기도 하는데, 엔소는 붓을 단번에 움직여 원을 그리는 선종禪宗의 서화로 잡념이 없는 사람일수록 원을 깔끔하게 그려낼 수 있다고 한다. 이는 구바라혼케 안에 흐르고 있는 '망설이지 않고 본질을 계속 만들어낸다'는 생각과도 일맥상통한다.

또한, 원의 아랫부분에 약간 볼륨을 주어 구바라혼케의 근간이라고 할 수 있는 간장 한 방울까지 표현했다.

나는 정기 협의 자리에서 갑작스럽게 이 심벌마크를 제안했고, 잠시 놀라워하던 사장님은 바로 그 자리에서 수락했다.

'좀 더 세련되게, 좀 더 멋있게'라는 생각만 했다면 이 같은 형태에 도달하지 못했을 것이다. 모든 각도에서 이야기를 듣고 여러 가지 정보를 축적했더니 해답을 이끌어낼 수 있었다.

이미지를 모따기하듯 깎아 나간다

지식을 쌓는 일이 중요한 것은 맞지만 너무 세세하게 보다가는 자잘한 부분에 발목이 잡혀 전체 그림을 보지 못할 수도 있다. 흔히 하는 말로 나무만 보고 숲을 보지 못하는 상황에 빠지는 것이다.

또한, 너무 세세하게 따지다 보면 목적에서 벗어날 위험도 있다.

그래서 나는 '모따기'라는 방법을 쓰고 있다.

모따기는 목재 등의 모서리를 깎아 나가는 것으로 요리에서도 깍둑썬 감자나 당근 등을 다듬을 때 이런 작업을 한다.

다만 내가 말하는 모따기는 모서리를 쓱쓱 잘라내는 작업으로 조각을 할 때 대충 깎아 나가는 것과 비슷하다. 가령 차렷 자세를 한 인체를 만들어야 한다면 대개 먼저 사각 기둥 목재의 모서리를 뭉텅뭉텅 잘라내어 가늘고 긴 타원형으로 만든 후 거기서부터 세부적인 부분을 조각해 나간다. 또, 양팔을 크게 벌린 자세의 인체라면 모서리를 쓱쓱 잘라서 우선 역삼각형에 가까운 형태로 만든 후 조각한다.

이처럼 불필요한 부분을 먼저 잘라내 대략적인 형태로 전체 그림을 파악한 후 세부적으로 좁혀 나가는 것이다.

소테쓰를 예로 설명하면 다음과 같은 식이다.

- **소테쓰는 힘차다** ○ **가볍다** ×
- **소테쓰는 수수하고 차분하다** ○ **화려하고 두드러진다** ×
- **소테쓰는 어둡고 조용하다** ○ **밝고 활기차다** ×

이런 답을 얻었다면 모서리를 쓱쓱 잘라내 '힘차고 차분하며 조용한' 형태로 만든다.

또한 창업 100년이라는 전통과 사가미강의 모래를 요코하마 항구까지 운반하여 요코하마의 도시 조성에 공헌한 역사, 지역 주민의 발, 지역의 중심이 되는 교통수단 등 이러한 지식을 토대로 형태를 결정해 나갔다.

인체를 조각할 때, 팔짱을 끼고 노려보는 모습인지 아니면 힘차게 달리고 있는 모습인지를 좁혀 가는 것이다. 이렇게 대략적인 모습이 보이기 시작하면 '대체로 파악되었다'고 느낀다.

대략적인 부분이라는 것은 사실 진행하고 있는 일의 본질이며 그 프로젝트나 제품을 대표하는 주요 부분이다. 지식을 토대로 모따기를 하듯 형태를 깎아 나가면서 사물을 파악하면 방향성도 콘셉트도 거의 정해진다.

그다음은 모따기의 범위를 좁혀 각각의 작업을 세부화한 후 실행을 위한 절차를 정한다. 따라서 모따기를 통한 대략적인 파악은 정확해야만 한다.

하지 않을 것을 정한다

무엇을 할 것인가와 마찬가지로 '무엇을 하지 않을 것인가'를 정하는 작업도 중요하다.

목표가 크면 클수록 목표를 달성하기 위해 이것저것 전부 하자는 상황이 되고 만다. 그렇게 되면 제아무리 시간이 많다 해도 모자라고 처리해야 할 과제가 자꾸 생겨 절차를 세워 진행해도 그 방법이 제대로 기능하지 못한다.

'실행을 해 봤자 효과가 없는 것'까지 포함해서 절차를 정하게 되면 고생을 하면서도 효율은 떨어져 성과를 낼 수 없다.

소테쓰 브랜드 재구축 프로젝트를 시작했을 당시 클라이언트는 캠페인이나 프로모션 등을 통해 브랜드를 널리 알리고 싶다는 바람을 가지고 있었다. 예를 들어 소테쓰 노선이 지나가지 않지만 노선의 인근 지역에 있는 사람들, 즉 나중에 이 지역에 거주할 미래의 타깃을 상대로 어필하기 위한 광고를 내려고 한 것이다. 광고는 비용이 들지만 프로젝트를 성공시킬 수 있는 커다란 기둥 중 하나일 수도 있었다.

하지만 나는 그 생각에 반대했다. 과연 광고를 보고 소테쓰 노선이 있는 곳에 거주하고 싶다는 생각을 할까? 그럴 것 같진 않았다. 나는 아쉬운 점을 솔직하게 털어 놓았다.

"아무리 멋진 광고를 한다고 한들 사람들이 과연 광고만 보고 소테쓰 근처로 몰려올까요?"

그러자 담당자들은 잠시 생각하더니 고개를 저었다.

"듣고 보니 광고만 믿고 살고 싶어지진 않을 것 같네요."

철도 노선 주변의 가치는 그곳에서 뭔가를 체험해 보지 않으면 알 수 없다. 실제로 철도를 이용하면서 철도와 지역을 체험해 보아야 비로소 그 부근에서 거주하는 것에 대해 고려하게 될 것이다. 그러려면 우선 이용하도록 해야 한다.

물론 유명한 관광지나 사람이 모이는 도심이라면 가만히 있어도 사람들이 찾아와 주니 바로 그 주변을 체험해 보게끔 할 수 있다. '이 동네도 꽤 괜찮은데, 한번 살아 보고 싶다'라는 생각을 갖게 만들 기회도 늘어난다.

하지만 소테쓰 노선이 지나는 곳 중에서 유명한 곳은 요코하마(역)를 빼면 주라시아 동물원과 후타마타가와 운전면허

센터 정도다. 다른 지역 사람들을 끌어들일 수 있는 콘텐츠가 고작 두 개. 이것만으로는 이 지역에서 살아 보고 싶다는 생각을 갖게 하기는 어렵다.

여러 가지를 생각하다 떠오른 것이 앞서 말한 요코하마 네이쳐 위크라는 이벤트였다.

소테쓰 노선 주변 지역에는 어린이 자연공원이라는 녹음으로 가득한 멋진 공원이 있다. 사슴벌레, 개똥벌레, 물총새가 서식하며 동물을 가까이서 볼 수 있는 미니 동물원이 있을 뿐 아니라, 아무런 준비 없이 가도 바비큐를 즐길 수 있는 시설이 마련돼 있다. 그러나 안타깝게도 인근 지역 이외의 사람들에게는 거의 알려져 있지 않다.

그럼에도 '도시와 자연을 이어주는 철도'라는 것을 어필하려면 이사를 생각하는 젊은 부부나 아이가 갓 태어난 가정 등 미래의 타깃에게 어느 정도 파급 효과가 있을 것 같았다.

소테쓰는 이런 타깃 층을 '해피 패밀리 층'이라는 독자적인 호칭을 만들어 부르고 있었다. 나는 이 호칭이 매우 좋아서 이벤트의 목적에 그대로 활용해 '해피 패밀리 층을 이벤트에 끌어들여 노선 주변의 가치를 높인다'는 커다란 기둥을 세웠다.

풋내기처럼 확인하라

프로젝트를 시작하며 하는 협의는 매우 중요하다.

"철도의 브랜드를 재구축하고자 합니다. 광고를 내고 차량을 개량하고……."

대부분 이런 식으로 큰 틀을 설명할 텐데, 그 상태에서 바로 진행하는 것은 위험하다.

"좋습니다. 광고 냅시다. 새 차량의 운행을 ○○년에 시작한다면 역산해서 ○개월 전부터 차량 내부에 광고를 내고 역에도 포스터를 붙이자고요. 신문 광고는 ○월에 시작하면 되겠네요. 이런 절차들을 준비하려면 우선……."

"네, 우선 차량을 개량해야죠. 감색으로 칠하는 것이 좋겠어요. 예산을 잡아 업체에 일정을 문의해서 준비를……."

이런 장면은 얼핏 보면 굉장히 원만하게 협의가 이루어지는 것 같고, 또 절차도 말처럼 원활하게 이루어질 것처럼 보인다. 그러나 이 같은 논의에는 목적에 대한 확인, 전체 그림에 대한 파악이 빠져 있다. 이 일에 필요한 정보와 지식을 수집하지 않은 상태이므로 앞으로 어떻게 진행이 될지도 선명하게 상상할 수가 없다.

- **무엇을 위해 이 일을 하는가?**
- **지향하는 바는?**
- **이 일로 인해 세상은 어떻게 바뀔까?**

초기 단계에서는 이처럼 '풋내기 같은 것'을 진지하게 확인하면서 준비를 확실하게 해야 한다. 그렇지 않으면 절차는 그저 일정표를 대신하는 것에 그치게 된다.

이상으로 목적지를 정하고 목적지까지의 지도를 그리기 위해 정보를 모아 콘셉트를 결정하는 것에 대해서까지 이야기했다. 다음 장부터는 목적지까지 어떻게 걸어갈 것인지를 생각해 보자.

CHAPTER 3

최단 거리를 찾아 달려가자

모든 일에 있어서
시간은 왕이다

모든 일에 '시간'이라는 기준을 적용한다

왜 일에는 절차가 필요한 것일까? 그 이유는 시간이라는 자원이 한정된 것이기 때문이다.

모든 프로젝트에는 반드시 '언제까지'라는 기일이 있다. 왜 기일이 있을까? 그 이유 역시 시간이 유한하기 때문이다.

한 달은 30일 전후로 정해져 있어 아무리 기를 쓰고 용을 써도 40일이 될 수는 없다. 하루는 누구에게나 24시간이다.

무엇보다 우리가 살아갈 날에도 한도가 있다. 생명이 유한하기에 어떤 프로젝트든 기한이 필요한 것이다. 시간 제약 없이 할 수 있는 것은 이 세상에 존재하지 않는다. 우리는 시간의 지배를 받는 존재다.

그러므로 어떤 일이든 흡사 영상이나 음악 작품을 만들듯이 '어느 정도의 시간 내에 끝내야 한다'를 항상 생각해야 한다.

기계 가공에 쓰이는 지그Jig라는 기구가 있다.

지그는 기계를 가공할 때 가공 위치를 쉽고 정확하게 정하기 위한 보조용 기구다. 예를 들어 3센티미터 간격으로 구멍을 뚫는 기계가 그 작업을 정확하게 해내야 할 때 길이에 맞춰 지그를 붙인다. 그러면 지그는 3센티미터 간격이 되는 정확한 위치에 드릴을 갖다 대 준다. 지그가 있어 기계는 짧은 시간에 효율적으로 생산성을 높일 수 있다.

기계의 지그가 물리적인 길이라면, 일에서의 지그는 시간이라고 할 수 있다.

어떤 일이든 시간이라는 지그를 갖다 대면 효율적이고 생산적으로 진행할 수 있다. 도무지 끝날 줄 모르는 일, 진력이 나도록 더딘 일에는 시간이라는 지그가 갖춰져 있지 않은 게 아닐까. 모든 일은 시간이라는 지그에 의해서 이루어지기에 원활하게 진행되는 것이다.

좋은 것을 만드는 것보다 시간을 지키는 것이 더 중요하다

창의, 창조와 관련된 업무는 종종 다음과 같은 오해를 받는다.

'스케줄대로 하기보다 더 좋은 것을 만드는 것이 중요하다.'

'창조적인 일은 정해진 시간대로 진행되지 않는다.'

이런 생각은 크리에이터 본인도 하지만, 주변에 있는 사람들도 같은 생각을 한다. 크리에이티브 업계가 유독 그런 경향이 강한 것인지도 모르겠다. 그러나 마감을 지키지 못하거나 결과물을 내놓는 데 서툰 사람은 마음 한구석에서 '좋은 것을 만드는 것이 나의 일이다'라는 착각을 하고 있는 것은 아닌지 되돌아보기 바란다.

더 좋은 결과물을 만들어내기 위해서는 다소 시간이 걸리더라도 어쩔 수 없다는 착각. 또는 '대단한 걸 만들어낼 테니 기다려라' 하는 자만.

이러한 착각이나 자만은 유능한 신입 인재들이 흔히 갖고 있게 마련인데, 나는 솔직히 그런 사고 회로를 가지고 있다는 것 자체가 놀랍다. 클라이언트가 지불하는 돈을 받고 "언제 언제까지 완성하겠습니다"라고 약속했으면서 '좋은 것을 만드는 게 우선이니까 약속을 깨도 상관없다'라는 생각을 한다는 것이 마냥 놀랍고 신기할 따름이다.

- **좋은 것을 만듦 〈 마감**

이것은 절대적인 규칙으로, 나는 시간보다 강한 제약은 이 세상에 없다고 생각한다.

스케줄을 제압하는 자는 일을 제압한다

마감을 제대로 못 지키는 젊은 사원들에게 나는 이렇게 말한다.

"호날두를 지향합시다."

크리스티아누 호날두는 말하지 않아도 누구나 다 아는 슈퍼스타다. 그는 화려한 축구 기술은 물론 잘생긴 외모라는 두 가지 강점을 갖추고 있다.

마찬가지로 일의 질과 스케줄, 이 두 가지를 양립시키는 것은 우리도 할 수 있는 일이다. 질을 높일 것인지 시간을 지킬 것인지를 재지 말고 두 가지 모두 중요하게 생각하자.

스승님이 운영하시던 회사를 그만두고 독립했을 무렵, 나는 업계에 전혀 알려지지 않은 무명의 신인으로 사무실조차 없는 상태였다. 그런 보잘 것 없는 나에게 일을 맡겨준 클라이언트에게 좋은 디자인으로 보답하는 것은 지극히 당연한 일이었다. 더불어 나를 믿어준 클라이언트를 위해 '약속은 반드시 지키자'는 생각도 강했다. 그래서 지금까지도 마감만큼은 엄수하고 있다.

마감을 반드시 지키고, 약속을 소중히 여기는 일.

이것이 그나마 내가 신용을 쌓을 수 있었던 커다란 요인이라고 생각한다. 덕분에 유노하마 온천湯野浜温泉의 일본식 여관인 '가메야亀や'나 '나카가와 마사시치中川政七商店'* 상점처럼 10년, 15년이라는 오랜 세월 동안 관계를 유지하는 클라이언트들을 많이 만들게 되었다.

---

* 1716년에 창업한 기업으로 300여 년의 역사를 지닌 노포. 생활 잡화 공예품의 제조 및 소매업과 더불어 공예품 제조업체를 대상으로 컨설팅 업무를 하고 있다.

'스케줄을 제압하는 자는 일을 제압한다'라는 것도 나의 말버릇 중 하나다.

자신의 기분이나 컨디션 난조, 회사 내에서의 관계 등 시간을 지키기 어려운 여러 가지 요인이 있을 수 있다. 그런 요소들을 완전히 무시하기 어렵다는 것도 잘 안다.

그래도 자신이 맡은 일을 잘 해 나가고 싶다면 자기 자신을 우선하는 것은 당치않다. 클라이언트나 상사를 우선하는 것도 어불성설이다. 최우선으로 생각해야 할 것은 오직 시간이다.

일을 훌륭하게 해내야 하는 것은 당연하지만, 때로는 아무리 노력해도 안 되는 경우가 있다. 그래도 마감을 반드시 지키는 일은, 자연재해와 같은 불가항력이 있을 수는 있어도 절차라는 '노력'으로 99퍼센트는 보완할 수 있다.

일의 질보다 마감을 우선한다는 것이 얼핏 오해를 살 만한 표현이기는 해도 이 정도의 의식은 있어야 된다고 할 만큼 중요한 일이다.

좋은 결과를 얻으려면 효율이 다소 나쁘더라도 어쩔 수 없다, 일을 잘 하려면 시간이 오래 걸리게 마련이다라는 것은 착각이다. 빠르면서도 확실하게 일하면 된다. 이를 바꿔 말하면 효율적으로 일하라는 뜻이다.

효율적으로 성과를 내는 것은 약간의 기술과 노력이 있다면 가능하지 않은가? 그것을 지향했으면 좋겠다.

2

마감이
완성이다

완성하면 내놓는 게 아니다

유명한 그래픽 디자이너인 나카조 마사요시仲條 正義 씨가 해준 얘기로 내가 지금까지도 소중하게 여기는 말이 있다.

바로 '마감이 완성'이라는 말이다.

"완성했으니 세상에 내놓는 것이 아니라, 마무리가 되었을 때 세상에 내놓아야 한다"는 것이다.

이른바 예술가라고 하면 마감이라는 게 없을지도 모르겠지만, 사회 속에서 더불어 사는 이상 마감은 반드시 닥치기 마련이다. 그런 뉘앙스의 표현이라고 생각하는데, 역시 대선배다운 말씀이 매우 인상적이었다.

시세이도 팔러SHISEIDO PARLOUR*, 음료 회사인 가고메 주식회사KAGOME Co., Ltd, 백화점 체인인 주식회사 파르코PARCO Co., Ltd 등 한 시대를 상징하는 디자인을 잇달아 만들어냈던 나카조 씨조차 마감을 기본 중에 기본으로 삼을 정도이니 나 역시 그

---

* 도쿄 긴자에 본점을 둔 1902년에 창업한 전통 서양과자점. 시세이도 그룹의 식음료 사업이다. 1900년대 제품 패키지를 변주해 고전적인 멋스러움이 묻어난다.

점을 본받아야겠다고 생각했다.

사실 번거롭고 귀찮은 것을 싫어하는 나는 일을 할 때도 느긋하게 질질 끌면서 하는 타입이다.

TV를 보는 것도 좋아하고 아이와 노는 것도 좋아하고 가만히 멍 때리는 것도 좋아한다. 마감이 없으면 일을 안 할지도 모르겠다고 생각할 정도다.

일을 안 할지도 모르겠다는 것은 다소 지나친 표현일 수도 있겠으나 아무튼 마감이 없으면 긴박감이 없어 느슨하게 일하지 않을까 싶다. 그리고 그렇게 완성된 일이라면 질이 높을 가능성은 상당히 낮을 것이라고 생각한다.

마감일까지의 작업이 완성이라고 한다면 "최선을 다했지만 결국 잘 해내지 못했습니다"라는 변명도 통하지 않게 된다.

예를 들어 상사가 "3월 중으로 신상품 기획안을 세 가지 버전으로 제출하라"고 말했는데, 3월 31일이 되어서야 "기획안을 쓰지 못했습니다"라고 말하는 상황은 있을 수 없다.

그 시점에서 완성된 기획이 설령 그것이 '잘은 모르겠지만,

아무튼 엄청나게 잘 팔리는 제품!'이라고밖에 쓰지 못한 어린
애 수준의 메모일지라도 그것이 바로 자신이 한 일의 완성형
이며 본인 실력의 '전부'로 판단된다는 얘기다.

"시간이 조금만 더 있었다면 훨씬 잘 할 수 있었는데!"라는
것은 변명일 뿐이다.

결코 쉽지는 않은 일이지만 시간 내에 완수하는 것도 실력
의 하나라는 엄격함이 필요하다고 생각한다.

임시 마감이라도 정해 둔다

굿디자인 컴퍼니에서는 정기적인 사내 회의를 통해 각 팀의
디자이너가 프로듀서에게 일정을 보고하여 정보를 공유한다.
팀별로 복수의 프로젝트를 맡는 경우도 많기 때문에 회사 차
원에서 마감을 잘 지키는지, 또 전체적인 업무 진행 절차가 제
대로 이루어지고 있는지를 파악하기 위해서다.

우리 회사의 프로듀서이자 내 아내인 유키코는 절차의 달

인이라고 할 정도로 일을 진행하는 준비 능력이 뛰어난데, 정기 사내 회의 자리에서는 간혹 당황하는 경우가 있다. 마감 일정이 어떻게 되느냐고 물으면 모르겠다고 대답하는 디자이너가 있기 때문이다.

"클라이언트로부터 러프 디자인을 언제까지 제출하라는 말을 듣지 못했는데요. 물론 준비는 하고 있습니다만⋯⋯."

클라이언트가 마감 기일을 말하지 않아서 마감을 모르겠다고 하다니, 이래서는 곤란하다.

예를 들어 무대 공연 팸플릿을 만드는 업무라고 생각해 보자. 공연 당일에는 인쇄물이 당연히 완성되어 있어야 한다. 공연 날짜를 알고 있다면 설령 클라이언트가 마감 기일을 딱 꼬집어서 말하지 않았더라도 거꾸로 계산해 보면 알 수 있다.

'○월 ○일까지 입고하지 않으면 인쇄 작업을 못할 테니, 러프 디자인은 ○월 ○일까지 완성해야 한다'라는 예측은 충분히 할 수 있다. 이런 상황은 의외로 흔하다.

상대방으로부터 아무런 얘기가 없을 때는 "마감을 ○월 ○일까지로 하면 될까요?" 하고 먼저 물어보는 습관을 갖도록 하자.

　내 마음대로 결정할 수 있는 일이 아니니 위와 같이 의견을 묻는다면 상대방이 "아뇨, 좀 더 일찍 끝내 주시면 좋겠네요"라는 대답을 할지도 모른다. 서둘러 진행해야 하는 일이라면 당연히 일찌감치 파악해 두는 것이 좋다.

　자신의 담당이 아닌 상사가 시킨 일이라서 일일이 마감을 체크할 수 없는 상황도 있을 것이다. 그럴 때는 임시로라도 좋으니 나만의 마감을 정하자. 이렇게 생각하면 오히려 편할 것이다.

　마감은 일을 맡긴 상대방이 말하건 말하지 않건 당연히 존재한다. 그러므로 마감을 모르는 상태로 있다가는 아예 일을 진행할 수 없다는 것을 잊지 말자.

'가급적 빨리'는 위험하다

마감이 정해지지 않아서 느긋하게 진행하고 있었는데 갑자기

"그 자료 슬슬 마무리되겠죠?"라고 해서 당황하게 되는 상황은 흔히 벌어진다.

마감을 정해 놓았다고 해도 '애매모호한 마감'이라면 정하지 않은 것이나 다를 바 없다.

클라이언트에게 "이 건은 언제까지 하면 될까요?"라고 물었을 때 종종 다음과 같은 답변이 돌아오는 경우가 있다.

"오늘 중으로 마무리되면 좋겠네요."

"이번 주 중으로 가능하겠죠?"

"가급적 빨리 부탁합니다."

'가급적 빨리'에는 기준이 없기 때문에 여차하면 자꾸만 뒤로 미루게 될 수 있다. 만약 에스파냐의 건축가 안토니 가우디였다면 "가급적 빠르게요? 그럼 사그라다 파밀리아La Sagrada Família는 앞으로 50년에 걸쳐 완성시키도록 하죠"라고 말했을지도 모를 일이다. 사람에 따라서는 '가급적 빨리'를 다음 달 또는 내년으로 받아들일 가능성도 있다. 그만큼 '가급적 빨리'는 위험한 말이다.

시간이라는 것은 셀 수 있는 것, 측정할 수 있는 것이다. 이런 성격을 가진 것에 '눈금이 붙어 있지 않은 말'은 사용해선 안 된다. 되도록 구체적인 표현을 사용해 확인하도록 하자.

"가급적 빨리라면 내일까지를 말씀하시는 건가요? 저는 다음 주 화요일 오후 한 시까지는 시간을 주셨으면 좋겠는데, 괜찮을까요?"

이 정도로 말이다.

흔히 들을 수 있는 표현으로 '오늘 중'이라는 것도 있는데, 이 역시 업계마다 회사마다 사람마다 차이가 있다. 나는 항상 직원들에게 "며칠 몇 시까지로 정하라"고 말한다.

오늘 중이라고 하면 23시 59분까지인지, 아니면 상대방이 오늘 퇴근하는 시간까지인지, 만일 23시 59분까지일 경우 다음 날 이른 아침이어도 괜찮은 것인지, 그리고 다음 날 이른 아침이라고 하면 몇 시 몇 분까지인지 정확히 해 두어야 한다.

가급적 빨리, 서둘러서, 오늘 중, 이번 달 중…….

이렇게 애매한 표현 대신 마감은 항상 날짜와 시간으로 확인해야 한다. 시간은 모든 사람이 오해나 예측 없이 이해할 수 있는 눈금이다. 이 눈금을 사용하는 습관을 들이자.

나만의 마감은 아슬아슬하게 설정한다

일을 의뢰한 상대와 논의하여 정한 마감은 말하자면 '정식 마감'이다. 정식 마감을 확인했는가? 그렇다면 나만의 '사전 마감'도 만들어야 한다. 사전 마감은 말 그대로 정식 마감보다 앞당겨 정해야 한다.

예를 들어 납기 일정을 '8월 8일 오후 한 시까지'로 클라이언트와 약속했다면 사전 마감은 일주일 전인 8월 1일로 앞당겨 설정해 두는 것이 바람직하다. 그게 어렵다면 하다못해 8월 3일까지는 마감할 수 있도록 해야 한다.

이 정도는 결코 빠른 것이 아니라 아슬아슬한 설정이다. 결과물에 수정이 필요할 가능성도 있으며 실수가 발견될 수도 있기 때문이다. 일을 하는 중간에 컨디션이 나빠 일이 미뤄질 수도 있고, 예상치 못한 재해가 발생할 수도 있으며, 결과물 발송에 문제가 생길 가능성도 있다.

그런 여러 가지 상황에 대처해야 하는 일이 벌어지더라도 정식 마감을 반드시 지킬 수 있도록 버퍼Buffer(완충 장치)를 설정해서 사전 마감을 정해야 한다.

반대로 말하면 사전 마감이 있기에 정식 마감을 지킬 수 있는 것이다.

문제가 발생할 경우를 대비한다는 이유로 마감을 지나치게 앞당기는 것도 사실은 문제다. 만일 한 달이나 앞서서 무리하게 사전 마감을 정해버린다면 오히려 정식 마감이 더 미뤄질 위험이 있다. 자신만의 마감을 너무 이르게 설정해도 역효과가 날 수 있다는 얘기다.

이것은 자명종 시계의 논리와 같다.

무슨 일이 있어도 아침 일곱 시에는 일어나야 하는데 늦잠이라도 자게 될까 걱정되어서 여섯 시에 알람을 맞춰 놓는다. 그런데 막상 여섯 시에 알람이 울리자 '아직 한 시간이나 있으니 조금만 더 자도 괜찮겠지' 하다가 결국 늦잠을 자고 만다. 이런 상황 역시 흔히 볼 수 있는 일인데, 마감과 관련해서도 비슷한 상황이 벌어질 수 있다.

- **어물쩍 넘기려 하지 않는다.**

- **여유를 부리지 않는다.**

이 정도로 엄격하게 설정해야 실패하지 않고 마감을 지킬 수 있다.

일은 모두
시간상자에 담는다

장기 프로젝트도 컵라면을 먹듯이

업무 진행을 위한 절차를 세우는 것에 서툰 사람도 일상생활에서는 충분히 절차를 잘 지키는 경우가 많다.

예를 들어 비빔 컵라면을 만들 때를 떠올려 보자.

포장을 뜯고 건더기 스프를 넣고 용기 내 선에 맞춰 뜨거운 물을 부어서 3분간 기다렸다가 물을 뺀 후 찬물로 헹구고 재빨리 액상스프를 넣어 섞는다. 불과 몇 분의 과정이지만 시간에 맞춰 해야 하는 일을 제대로 완수한다. 아마도 적당히 뜨거운 물을 붓고 문득 생각이 나서 물을 빼는 사람은 드물 것이다.

절차를 중요하게 생각하는 사람은 이처럼 라면 하나를 끓이더라도 '끓는 물을 붓고 ○분 ○초가 지난 후에 물을 빼고 뚜껑을 닫아 ○초간 뜸을 들인 후 액상스프를 넣어서 비벼 먹는' 세세한 절차를 밟고 있을지도 모르겠다.

즉 우리는 짧은 시간에 이루어지는 과정이라면 절차를 잘 지킨다는 말이다.

화장실이 급해서 집으로 달려갈 때를 생각해 보자. 아파트 입구에서부터 주머니 속의 열쇠를 손에 꽉 쥐고 엘리베이터의 닫힘 버튼을 누른 후 층수를 누른다. 그리고 문이 열리는 순간 주머니에서 열쇠를 꺼내 현관문을 연다. 마침 신고 있던 신발이 벗는 데 시간이 걸리는 것이라면 시간 단축을 위해 엘리베이터 안에서부터 끈을 풀어 두는 식으로 미리 준비를 한다. 이와 같은 긴급사태에서도 우리는 절차에 따라 움직인다.

소방관이나 경찰관, 간호사를 비롯한 의료 관계자 등의 전문가들도 짧은 시간 안에 뭘 하면 될지를 생각하고 정해진 절차에 따라 자신의 업무를 착실하게 해낸다.

그런데 프로젝트가 장기간 이어지는 것이라면 시간 감각이 느슨해지고 절차대로 진행을 못하기 십상이다. 결국 프로젝트 말미에는 시간이 촉박해지는 것에 대한 공포심으로 머릿속이 마비돼 버리기까지 한다.

3년간의 프로젝트를 수행할 때도 3분이면 완성되는 비빔컵라면을 만들 때와 마찬가지로 절차에 따라 움직인다는 마음가짐이 필요하다. 3년이라고 하면 막연하게 느껴질 수도 있겠지만, 그것을 1년씩 세 개 단위로 나누고, 그 1년을 12개월로 나누고, 그 1개월을 30일로 나눠 주말을 뺀 22일을 일할 수 있는 날로 생각하면 아직도 많은 날이 남았다며 여유를 부리기는 어렵다는 사실을 알게 될 것이다.

시간상자에 일을 담는다

시간의 중요성을 인식하고 마감에 대해 명확하게 이해했을 테니 이제 절차의 틀을 짜는 방법에 관해서 이야기해 보자.

나는 무슨 일이건 시작할 때는 먼저 '시간상자'를 머릿속에 그려본다.

3일, 일주일, 1년 등 다양한 크기의 시간상자 가운데 마음에 드는 것을 골라 그 안에 '이것, 이것, 이것을 하면 완성이다' 싶은 업무 과제를 담는다.

소테쓰 프로젝트처럼 과제가 많은 경우는 순식간에 시간상자가 가득 차서 해야 할 일이 넘쳐난다. 소테쓰를 '100년 계획'이라고 정한 이유도 해야 할 일이 광범위하고 너무 많아서 '커다란 상자'를 준비하고 싶었기 때문이다.

현재 자신이 손대고 있는 일이나 프로젝트가 A와 B, 두 가지라고 한다면 각각에 맞는 시간상자의 크기는 다르기 마련이다.

만일 프로젝트 A를 마무리하기까지 '일주일 정도' 걸리겠다 싶으면 그 정도 크기의 시간상자를 골라 자신이 앞당겨 정한 사전 마감에서 역산하여 일주일 전부터 시작한다.

한편, 프로젝트 B의 예상 소요 시간이 '한 달'이라면 마찬가지로 한 달 정도의 시간상자를 고르면 되지만, A와 B를 병행해야 하는 경우에는 아무래도 '한 달 반' 정도의 시간상자를 고르는 게 나을 수도 있다.

'이 프로젝트에서 해야 할 일은 무엇이며, 업무량은 어느 정도나 될까?'를 생각하기 위해서는 예측하는 힘이 필요하다. 1, 2장에서 언급한 최종 이미지 구상과 같은 준비가 제대로 되어 있을수록 예측은 정확해진다.

'해야 할 일에 적합한 시간상자는 어느 정도의 크기일까?'

이것을 정하는 것은 스케줄링, 즉 시간의 견적이라고 할 수 있다. 정해진 공간에 내용물을 꽉 채우려면 어쨌든 기술이 필요하다.

마음 가는 대로 반찬을 만들어 적당히 도시락통을 채우다 보면 틈이 생기거나 준비한 모든 반찬을 다 넣지 못하기도 한다. 하지만 유치원에 다니는 아이의 도시락, 회사에 다니는 나의 도시락과 같이 목적별로 어떤 반찬을 얼마만큼 만들지를 정하고 딱 알맞은 용기의 크기를 정한 후 채우다 보면 반드시 목적에 맞는 도시락이 완성되고 반찬도 남지 않게 되는 것과 마찬가지다.

그렇다면 이제 어떻게 스케줄을 짤 것인지, 시간의 견적을 어떻게 낼 것인지, 일에 우선순위를 어떻게 두어야 하는지를 살펴보기로 하자.

힘든 일이냐 즐거운 일이냐는
생각하지 않는다

일은 마음이 아니라 모두 시간으로 잰다

시간상자에 해야 할 일을 채워 나갈 때는 머릿속으로 테트리스 게임을 상상해 보자.

테트리스는 다들 알다시피 정사각형을 조합한 도형을 차곡차곡 채워서 열을 지워 나가는 게임이다. 테트리스의 블록이 정사각형이 다양한 형태로 조합된 여러 모양의 도형인 것처럼 '해야 할 일의 블록'도 여러 가지 형태로 이루어져 있다.

클라이언트에게 제시할 제안서를 다시 작성하거나 상사에게 프로젝트에 대한 의견을 구하거나 경비 정산과 같은 해야 할 일의 내용은 테트리스 도형보다 훨씬 더 복잡하다. 때론 원이나 삼각형이 나타나기도 하고 신기한 오브제와 같은 형태일 때도 있다.

그런 여러 가지 형태의 도형을 시간상자에 차곡차곡 채우는 것은 불가능해 보일 것이다. 그래서 중요한 일부터 하거나 마감이 가까운 일부터 하는 등 여러 가지 방법이 있을 수 있다.

나는 이렇게 '까다로운 형태의 도형'도 상자에 잘 넣는 요령을 가지고 있다. 바로 모든 일을 시간으로 재는 방법이다.

즉 쉬운 일과 어려운 일이 아니라, '짧은 시간에 끝나는 일과 긴 시간이 걸리는 일'이라는 기준으로 할 일을 재는 것이다. 그러면 얼핏 형태가 달라 보여도 사실은 모두 정사각형이 조합된 테트리스의 블록과 마찬가지로 모든 일을 같은 것으로 취급할 수 있다.

중요한 사실은 중요도는 물론이거니와 심리적인 경중을 따져서 일을 재서는 안 된다는 점이다. 10분 만에 끝나지만 힘든 일과 한 시간이 걸리지만 즐거운 일이라는 식으로 생각하면 일에 대한 측정이 잘못될 수 있다.

30분을 한 토막이라고 했을 때 짧은 시간에 끝나는 일을 한 토막으로 보면 긴 시간이 걸리는 일은 여섯 토막이 필요할지도 모른다. 모든 일의 토막 수를 세어 시간상자에 채워 나간다.

1일이라는 시간상자 안에는 '오후 한 시부터 세 시까지는 회의' 등과 같이 이미 채워진 부분이 있을 것이다. 그렇다면 점심시간 전까지 비어 있는 오전 중과 오후 세 시 이후에 다른 토막을 채워 나가야 한다.

골고루 빠짐없이 여러 가지 일의 토막으로 상자를 채우는 경우도 있을 테고, 또 '일주일 후로 앞당긴 사전 마감에 맞춰 마무리해야 하는 일을 시간으로 계산했더니 30토막이 필요하다'는 경우에는 그만큼을 채워 나가야 할지도 모른다.

어쨌든 우선 기계적으로 일을 시간에 맞춰 재는 것이 포인트다.

마작 게임처럼 기계적으로 생각한다

시간으로 측정한 일을 시간상자에 채워 나갈 때는 우선순위를 생각할 필요가 있다.

나는 이것도 시각화하여 파악하고 있다. 마작 게임을 할 때 패를 일렬로 늘어놓는 것과 마찬가지로 여러 가지 일이 전부 쭉 나열되어 있는 모습을 상상하는 것이다.

예를 들어 자신의 패는 우선순위가 높은 순으로 왼쪽에서부터 나열되어 있는데, 클라이언트나 동료가 "이 일 좀 부탁합니다" 하고 다른 패를 들이민다고 하자. 그럴 때는 하나의 패를 처리해 공간을 확실하게 확보한 후 우선순위를 생각해서 적합한 곳에 채워 넣는다.

이때의 우선순위는 중요도가 아니라, '빨리 처리해야 하는 순'이다. 일을 내용이 아닌 시간의 토막으로 맞춘다는 점에서 테트리스와 마작은 비슷하다고 할 수 있다.

새로운 패를 어디에 넣을지 정하려면 각 업무의 우선순위를 정확하게 파악해야 한다.

"이게 좀 급하거든요. 최우선으로 처리해 주세요" 하고 동료나 클라이언트가 갑자기 패를 들이밀어도 그 패를 어디에 넣을지는 어디까지나 자기 자신의 판단에 달렸다.

자신의 패를 종합적으로 살펴 '급한 안건이라지만, 현재 진행 중인 일이 훨씬 급하다'고 판단될 때는 그 사실을 상대방에게 전해야 할 수도 있고, 또 급히 처리해야 하는 패를 많이 가지고 있는 담당자에게 "이거 서둘러서 부탁해요!"라고 말해서는 안 되는 경우도 있을 수 있다.

즉, 자신의 패만 파악하면 되는 게 아니라 동료, 클라이언트, 팀원이 가지고 있는 패도 어느 정도 알아둘 필요가 있다는 말이다.

실제 마작 게임에서는 상대방에게 패를 보여 달라고 할 수 없겠지만, 일을 할 때는 담당자나 팀이 맡고 있는 업무를 얼마든지 보여 달라고 할 수 있다. 적어도 같은 팀이라면 누가 어떤 패를 가지고 있고 어떻게 나열해 놓고 있는지를 서로가 알아 두는 편이 좋다.

5

일정이 어긋나지
않으려면

자기중심적인 스케줄을 만들지 않는다

"저는 제대로 스케줄을 짜서 일하고 있습니다. 그런데 중간중간 선배나 상사가 여러 가지 일을 맡겨서 그걸 하다 보면 일정이 틀어지고 말아요. 오늘만 해도 예정보다 한 시간이나 늦어지고 말았습니다."

이런 상황은 업무가 미숙한 신입사원에게서 흔히 볼 수 있는 사례로, 스케줄과 관련한 고민거리라고 할 수 있다.

해결책은 매우 간단하다. 그 스케줄이 '자기중심적인 것'인지 아닌지를 확인하면 된다. 무슨 부탁을 받거나 갑자기 불려 나가거나 실수를 발견했을 때는 즉각적으로 대응할 수 있어야 하는데 그 일을 받아들일지 말지는 시간상자를 만들 때부터 고려해야 한다.

우선 시간상자에 해야 할 일의 토막을 채워 나갈 때 너무 빽빽하게 채우지 않고, 정식 마감보다 앞당긴 자신만의 사전 마감을 만드는 것처럼 적절한 버퍼를 줘야 한다. 예를 들어 해야 할 일의 소요 시간이 실질적으로 한 시간이라면 방해물이 끼어들 것을 감안해 한 시간 반 정도로 소요 시간을 잡아 두는 것이다.

이동 시간 같은 경우에도 검색 결과가 '도착까지 33분'이라고 하더라도 만일을 대비해 버퍼를 늘려서 45분으로 생각해 두면 좋다.

이것은 스케줄링에 있어 당연한 것으로, 버퍼를 주지 않고 자기 형편에만 맞춰 만든 것은 모두 '자기중심적인 스케줄'이라고 할 수 있다. 여분의 시간을 확실히 갖춰두는 것이 중요하다. 방해물이 얼마나 발생할지, 어느 정도로 버퍼가 필요할지를 판별하는 것은 절차에서 아주 중요한 요소로 예측력을 발휘해야 하는 부분이다.

일을 할 때 방해물이 생기거나 도중에 중단되는 것이 꼭 외부적인 상황 때문만이라고는 할 수 없다.

자신의 의욕이 떨어지거나 두통이 생기거나 궂은 날씨 탓에 감기에 걸려 흐름이 깨지는 경우도 있을 수 있다. 그러므로 스스로에게 발생할 수 있는 트러블을 파악하여 해야 할 일에 어느 정도의 시간이 걸릴지를 예측하는 것도 중요하다.

가능하다면 주변 사람에 대해서도 마찬가지로 예측해 보는 것이 좋다.

후배가 남자친구와 다퉈서 의욕 제로인 상태가 될 수도 있다. 클라이언트가 아이 입학식에 참석하느라 일을 쉴지도 모른다. 가능한 한 여러 가지를 상상해서 예측해 보자. 그렇게 해도 전부 예측하기는 어려우므로 애초에 큼지막한 시간상자를 준비하는 것이 좋다.

스케줄은 세 시간마다 재검토한다

- **지식을 쌓고, 상상과 예측을 통해 준비를 마쳤다.**
- **정식 마감, 사전 마감 모두 버퍼를 늘려 설정했다.**
- **큼지막한 시간상자에 버퍼를 더해 해야 할 일을 채워 넣었다.**

이로써 절차의 '스케줄 부분'은 완성되었다고 할 수 있지만, 절차가 완결된 것은 아니다.

"절차를 세우면 그다음은 그대로 실행하기만 하면 된다"라고 말하는 사람이 있는데, 나는 오히려 그런 사고방식 때문에 절차가 순조롭게 이루어지지 않는 것이라고 생각한다.

절차는 늘 바뀔 수 있는 것이므로, 나는 직원들에게 다음과 같이 말한다.

"절차는 대략 세 시간마다 다시 확인하고 검토하는 것이 좋아요. 또, 일이 일단락되었다면 절차를 재검토하는 버릇을 들여야 합니다. 적어도 하루에 세 번 아침, 점심, 저녁마다 확인하고 검토하는 습관을 가집시다."

절차를 세운다는 것은 바꿔 말하면 예측을 하는 과정으로 완벽한 예측이란 존재하지 않는다. 예측에는 느슨한 부분도 있으며 확정되지 않은 요소도 반드시 끼어들게 마련이다.

가령 절차를 세운 시점에서 해야 할 일을 완벽하게 파악했다고 해도 그 후 한층 더 많은 할 일이 들어오면 전체를 검토하여 다시 파악해야 한다.

또한, 처음부터 결정할 수 없는 스케줄이라는 것도 있다. 햇

병아리 신참 직원은 일을 진행하기 위한 준비를 할 때 프로젝트에 필요한 사진 촬영 작업을 언제 시작할 것인지를 바로 정할 수가 없다. 누구에게 촬영을 맡길 것인지, 또 그 포토그래퍼의 일정이 어떤지에 따라 상황이 달라지기 때문이다.

이처럼 자신의 선에서 정할 수 없는 일을 열심히 정하려고 하다가는 삐걱거릴 수 있다. 따라서 일단 '포토그래퍼 후보 정하기'와 같이 자신이 할 수 있는 일을 단계적으로 준비한 다음 실제로 포토그래퍼를 정하고 그의 일정을 파악하고 나서 다시 전체 스케줄을 잡는 것, 그것이 바로 제대로 된 절차다.

굿디자인 컴퍼니에서는 거의 매일 아침 사내에서 프로듀서와 디자이너가 스케줄에 관해 협의를 하는데, 그 후 세 시간마다 진척 상황을 공유한다. 스케줄을 빈번하게 공유해 프로듀서는 적당한 일정을 확인하는 것과 동시에 디자인에 필요한 요소들을 보충해 줄 수 있고, 디자이너는 일정에 대한 걱정을 품지 않고 일에 집중할 수 있게 된다.

스케줄 확인을 위해 굳이 회의를 소집하기보다는 메신저나 사무용 모바일 메신저인 슬랙Slack 등의 툴을 이용하면 정보를 공유하기 편리하다.

절차를 완성하지 않은 상태에서 꾸준히 '재검토'를 해 나간다. 다시 말해 계속해서 업데이트해 나가는 것이다. 그렇게 해야만 정해진 마감 안에 질 좋은 결과물을 완성할 수 있다고 생각한다.

절차표를 만든다

스케줄표, 즉 절차표는 구체적으로 어떻게 만들면 좋을까? 순서에 따라 설명해 보겠다.

① 해야 할 일의 리스트를 모두 나열한다

먼저 할 일을 모두 추린다. 프레젠테이션처럼 중요한 일이든 회의실 예약처럼 사소한 일이든 주어진 업무를 수행하기 위해 필요한 것을 일단 모두 적는다.

② 정식 마감과 사전 마감을 확인한다

신차 디자인을 출시하는 프로젝트라고 가정해 보자. 출시일로부터 역산해서 무엇을 언제까지 완성하면 일정을 맞출 수 있을지 직접 몇 가지 사항에 대한 마감일을 정해 본다. 좌석 디자인은 ○월 ○일까지 결정, 차량 색상은 ○월 ○일까지 결정과 같은 식이다.

물론 클라이언트가 의뢰한 "○월 ○일까지 러프 기획안을 제출해 주세요"라는 마감 일정도 포함시킨다.

③ 소요되는 시간을 설정한다

완성하기까지 시간이 얼마나 필요할지에 대한 기준을 정한다. 이때 앞서 말한 것처럼 중요도나 난이도, 쉬운 일인지 어려운 일인지는 생각하지 말고 모두 시간에 맞추는 것이 중요하다.

④ 시간상자에 채워 넣는다

정식 마감, 사전 마감, 소요 시간에 맞춰 반쯤 기계적으로 해야 할 일을 채워 나간다. 이로써 절차표가 완성된다.

이미 알아차린 사람도 있을 텐데, 해야 할 일 하나하나에 대해서 일일이 절차를 정할 필요는 없다.

우리처럼 광고나 기획을 하는 사람들의 업무에는 상품 디자인이든 철도 브랜딩 디자인이든 패키지 디자인이든 간에 '반드시'라고 해도 무리가 없을 정도로 촬영이라는 작업이 따라다닌다. 즉 이 부분이 루틴이다.

포토그래퍼나 카메라맨의 스케줄 파악하기 → 피사체 준비하기 → 촬영 장소 결정하기 → 사용 허락받기 → 당일의 일기예보 확인하기 → 이동 차량 수배하기 → 배달 도시락 예약하기…

이처럼 촬영 시 해야 할 일은 항상 마찬가지이므로 그때마다 생각할 필요는 없다. 절차표를 만들어 두면 그다음엔 일일이 절차를 정하지 않아도 되며 무엇보다 누락이나 실수가 적어진다. 실수가 적어지면 일의 빈틈이 사라지고, 더 꼼꼼하게 처리하게 된다.

정식 마감과 사전 마감에도 패턴이 있을 것이다.

예를 들어 항상 월말에 회의를 하는 클라이언트가 있다면 셋째 주까지 러프 디자인을 제출한다는 것을 패턴화할 수 있다.

상대방에 따라서는 마감에도 패턴이 있다.

A사는 제출한 시안을 실무 담당자가 승인했으면서 마감 직전 부장님께 결재를 올렸더니 다시 해 오라고 했다며 항상 연락이 온다. 이럴 때는 정식 마감 10일 전에 완성해 놓고 담당자에게 3일 안에 상사의 결재를 받도록 해서 변경사항이 있을 경우를 포함해 7일 안에 일을 마무리하는 절차를 준비해 두면 된다. 이런 부분도 다소 번거로운 측면이 있으니 패턴화해 두면 좋을 것이다.

일의 빈틈을 줄이고 치밀하게 처리하기 위해 절차표를 만들자. 앞에서도 말했듯이 스케줄을 제압하는 자는 일을 제압한다.

그런데 절차표는 스케줄표라기보다 작업표Task Table에 가깝다. 해야 할 일에 날짜를 붙여 놓은 것일 뿐이니 스케줄에 너무 집착하지는 말자. 절차표는 절대적인 것이 아니라 실행하면서 수정해 나갈 수 있는 것이다.

소테쓰 프로젝트를 수행할 때도 역사를 새롭게 단장하려면 그곳에 설치된 자동판매기까지도 색상을 바꿔야 한다는 데 생각이 미쳐 그 부분을 도중에 끼워 넣었다. 이렇게 유연한 자세와 견고한 루틴을 조합해 정해진 일정대로 더 나은 수준의 일을 실행해 나가도록 하자.

CHAPTER 4

더 중요한 일에
집중할 수 있도록
머릿속을 비우자

머릿속을 비우면
일이 제대로 된다

할 일을 모두 뇌 밖으로 내보낸다

앞의 3장에서는 주로 시간의 중요성과 스케줄에 대해 얘기를 했다. 프로젝트 전체의 스케줄을 알면 오늘 해야 할 일도 보이기 시작한다.

그래서 이번 장에서는 '하루 동안 해야 할 일을 어떻게 관리할 것인가?'에 대해 얘기해 보려 한다.

가급적 스트레스 없이 신속하게 일을 진행하는 요령은 머릿속에 생각을 넣어 두지 않는 것이다.

할 일이나 생각난 일 등은 모두 머릿속에서 내보내자. 머릿속이 뒤죽박죽인 상태에서 '이것도 해야 하고, 저것도 해야 하고…'라는 생각으로 꽉 찬 사람은 눈앞의 일을 좀처럼 진행하지 못한다. 머릿속에 생각이 많아서 오히려 움직이지 못하는 것이다.

생각을 뇌 밖으로 내보낸다는 것은 구체적으로 다음 세 가지를 예로 들 수 있다. 종이에 적기, 스마트폰에 입력하기, 남에게 미루기.

① 종이에 적기

내 경우 지금은 업무 관리를 담당하는 직원이 따로 있어서 직접 할 일을 관리할 필요가 없게 되었지만, 혼자 일했을 때는 모든 일을 할 일 리스트로 정리해 놓고는 했다. 매일 A4용지 다섯 장 정도의 할 일 목록이 있었던 것으로 기억하는데, 청구서 작성에서부터 세금 납부까지 온갖 일을 다 적어두었다.

종이에 적어 놓으니 눈에 보이는 일이 많았지만, 내 머릿속에는 해야 할 일이 하나도 없어서 좋았다. 이처럼 종이에 할 일을 적어 두는 것은 스트레스를 줄이는 효과도 얻을 수 있다.

② 스마트폰에 입력하기

나중에 읽어 봐야겠다 싶은 기사나 아이디어는 개인 메일로 보내두거나 라인 메신저에 올려 둔다.

참고로 내 메일함에는 현재 279건의 임시 저장물이 쌓여 있다. 가보고 싶은 주점, 직원들의 성격 분류, 아내가 아들을 위해 만든 '배꼽 탐험대'라는 노래 가사… 거기엔 여러 가지 정보와 아이디어로 가득 차 있다.

이런 자료는 절차를 위한 준비인 동시에 센스를 발휘하기 위해 필요한 지식이며, 생각의 재료이기도 하다.

③ 남에게 미루기

남에게 미룰 수 있는 것은 대표라는 입장이라 가능한 일일 수도 있지만, 어느 정도 업무를 넘길 수 있는 환경이라면 활용하는 것이 좋다.

우선 나는 새로운 안건이 들어오면 먼저 직원이나 프로듀서에게 전달한다. 클라이언트와 만나서 이야기하다가 "이번엔 이걸 좀 부탁하고 싶습니다", "이것 좀 생각해 봐 주세요"라는 말이 나오면 바로 클라이언트와 오간 대화 내용을 메일로 보내 두는 식이다. 지인과 메신저로 메시지를 주고받다가 결정된 사항이 있기라도 하면 그 대화 내용을 고스란히 복사해서 직원이나 프로듀서에게 보내기도 한다.

이처럼 머릿속의 생각을 '외부화'해 두면 생각이 남지 않게 되어 스트레스도 줄고 아이디어도 생각나기 쉬워진다.

종종 "스트레스는 없나요?", "일이 많아서 머리가 터질 것 같은 느낌이 들 때는 없나요?"라는 질문을 받곤 하는데, 나는 스트레스를 느끼지 않는 것이 아니라, 스트레스를 느끼지 않기 위한 구조를 만들고 있을 따름이다.

좋은 아이디어를 만들어 주는 공백 상태

크리에이티브 디렉터라고 하면 여러 가지 안건을 껴안고 '이건 어떻게 해야 할까? 저건 어떻게 하면 좋을까?', '이 디자인 작업도 시작해야 하는데, 클라이언트와 의견을 조율 중이라서…' 등 눈코 뜰 새 없이 바쁠 것 같은 이미지가 떠오를지도 모르겠다.

그런데 너무 바삐 움직이거나 머릿속이 혼란스러운 상태에서는 좋은 아이디어가 떠오르지 않는다. 그러므로 무엇보다 늘 머릿속을 비워두는 것이 중요하다.

일을 제대로 하기 위한 방법에는 여러 가지 정의가 있겠지만, 가장 중요한 것은 머릿속을 공백 상태로 만드는 것이다. 어떻게 공백 상태로 만드느냐에 따라 일의 성패가 갈린다.

내가 준비에 만전을 기울이거나 온갖 절차를 갖추는 이유는 모두 이 공백 상태를 만들기 위해서다.

내 머릿속에는 마치 새하얀 노트처럼 아무것도 없다. 그래서 가령 도쿄 초콜릿 팩토리와 관련하여 협의해야 하는 상황이라면 리모컨을 톡 누르면 TV가 켜지듯이 도쿄 초콜릿 팩토리에 관한 아이디어가 머릿속에 떠오르기 시작한다. 이처럼 평소 머릿속을 텅 비워 놓은 상태로 있다 보면 새로운 발상이 솟구친다.

머릿속이 백지처럼 새하얗기 때문에 얼마든지 더 생각할 수 있다.

새하얀 노트에는 무엇이든 얼마든지 그릴 수 있다. 생각을 하는 바로 그 순간에 팔레트를 꺼내 그리기 시작하는 것이다. 그리고 다 그린 후에는 그 종이를 떼어 담당 직원이나 거래처에 전달한다. 그렇게 노트는 항상 새하얀 상태다.

고야마 군도 씨도 일과 관련해서 사전 협의를 할 때는 준비를 많이 하지 않는다고 한다. 늘 빈손이다. 나쁘게 말하면 아무 생각이 없는 상태라고 할 수 있는데, 커다란 공백 상태를 만들어 두고 있기에 오히려 그 자리에서 굉장한 아이디어를 내놓을 수 있는 것이다. 나도 그 방법을 흉내 내고 있다.

군도 씨가 자주 쓰는 말 중에 '그러고 보니'라는 표현이 있다. 그는 회의 자리에서 나오는 이야기에 즉각적으로 "그래 맞아, 맞아"라고 맞장구를 치다가 "아! 그러고 보니"라고 말하며 그 순간 생각지도 못한 아이디어를 툭 내뱉는다.

회의 때 이 얘기도 해야 하고 저 얘기도 해야 한다며 사전에 많은 준비를 해 둬서는 일어날 수 없는 일이다. 머릿속을 뭔가로 꽉 채우고 있으면 아이디어는 좀처럼 떠오르지 않는다. 머릿속은 비우되 한편으로는 항상 '이것은 어떠어떠한 일에 사용할 수 있는 것'이라며 머릿속에 틀을 만들거나 외부의 툴을 사용해 기억해 두는 것이 중요하다.

필요한 모든 재료를 갖춰 공백 상태를 만들자

공백 상태를 만들어 둔다, 백지 상태를 유지한다, 아무것도 지니지 않는다. 그렇게 하려면 어떻게 해야 할까?

방법은 필요할 것 같은 재료를 앞서 갖춰 두는 수밖에 없다.

예를 들어 현장을 미리 봐 두는 작업은 기본적으로 일이 시작되기 전에 처리해 둔다. 현지 시찰은 비효율적이라고 느껴질 수도 있지만, 현장을 보지 않은 상태에서 한 일과 보고 난 다음 한 일은 그 결과물이 완전히 다르다.

'플랑드르 리넨FLANDERS LINEN'의 일을 맡았을 때도 작업에 착수하기 전 직접 내 돈으로 벨기에에 현지 시찰을 다녀왔다. 쿄와 주식회사興和株式会社가 벨기에 현지에서 수확하는 마를 브랜드화하여 판매하고자 했던 프로젝트다.

그때 나는 현지의 밭을 보러 갔다가 주변에 있는 박물관 등도 살펴보고 왔다. 직접 현지의 온도를 느끼고 온 덕분에 그 프로젝트는 지금 굉장히 순조롭게 진행되고 있다.

"굳이 현장까지 방문할 필요는 없을 것 같은데요."

클라이언트에 따라서는 이렇게 말하는 경우도 있다. 하지만 역시 직접 보지 않으면 감각이 살짝 어긋나곤 한다. 그 자리에서 체험해 보지 않으면 알 수 없는 기분이 있다. 인간의 감각은 그만큼 예민하다.

"2평짜리 똑같은 방이라도 벽의 두께가 20센티미터인지 60센티미터인지에 따라 느낌이 전혀 다르다. 그 정도로 인간의 감각은 섬세하다."

뉴욕의 뉴 뮤지엄과 프랑스의 루브르 랑스 박물관을 디자인한 건축가 세지마 가즈요妹島 和世 씨는 이렇게 얘기했다.

인터넷을 통해 온갖 정보를 손에 넣을 수 있는 시대에 굳이 벨기에까지 가는 것은 어쩌면 절차만 두고 보았을 때 멀리 돌아가는 것처럼 보일지 모른다. 하지만 현지에서만 느낄 수 있는 특유의 분위기와 그 밖의 디테일 등 많은 것을 포착한다면 결과적으로는 발상의 깊이와 속도가 달라져 일 처리가 더 빨라지고 원만하게 진행된다.

일을 시작한 뒤 의문을 갖거나 불안감이 생기지 않도록 모든 상상력, 예측력을 총동원해 모든 준비와 절차를 마쳐 두자. 그것이 머릿속에 공백 상태를 쉽게 만들어 일을 성공시키는 길이다.

가급적 '공'을
갖고 있지 않도록 한다

되도록 '공'을 패스하자

나는 많은 일을 하고 있지만 스트레스는 없으며 마음은 늘 가볍다. 앞서 말했듯 머릿속을 항상 비워두기 때문이다.

그래서 많은 일을 해도 펑크 나는 일 없이 새로운 아이디어를 창출해낼 수 있다.

흔히 일(공)을 껴안고 '어쩌지?' 하고 고민만 하는 사람이 있다. 나는 가능한 한 내 품에 공을 갖고 있지 않으려 한다. 공을 계속 가지고 있지 않기 위해 다른 사람에게 넘기거나 때로는 버리기도 한다. 이것이 머릿속을 비우고 일을 신속하게 처리하는 비결이다.

공을 가지고 있는 시간을 되도록 짧게 하려다 보면 반드시 일하는 속도가 빨라진다. 이것은 꼭 지금의 나 같은 입장, 즉 상사일 때만 가능한 일이라고 할 수는 없다. 부하 직원의 경우에도 얼마든지 가능한 일이다. 가령 업무 상대가 인쇄소 담당자나 카피라이터 등 외부인이라면 일찌감치 일정을 협의하는 자리를 마련해 처리하면 되고, 또 간단한 일이라면 서둘러 척척 끝내 버리면 그만이다.

"그 일 끝냈어요?" 하고 물으면 "아직입니다!" 하고 대답하는 사람이 있다.

"서예가 선생님께 붓글씨 부탁은 드렸나요?"

"아직 부탁드리지 못했습니다."

"일러스트레이터에게 의뢰했나요?"

"아직 못했습니다."

상사에게 이렇게 대답을 하다보면 채근을 당하는 것 같아 마음이 바빠지고, 일은 끝나지 않고 있어 스트레스만 쌓일 것이다.

앞서 상사가 확인한 내용들은 모두 다른 사람들에게 공을 넘길 수 있는 일들이다. 그러니 자신이 맡은 일을 가만히 쌓아 두지 말고 공을 패스하듯 다른 사람에게 넘기자. 이런 느낌으로 진행하다 보면 일이 점점 빨라진다.

완성도가 낮아도 일단 형태부터 갖춘다

바로 공을 패스할 수 있도록 나는 틈새 시간에 집중해서 일을 처리한다.

예를 들어 클라이언트가 껴안고 있는 과제에 대해서 메신저로 의견을 주고받았다면 그 후 10분 정도의 시간을 들여 바로 문장을 정리해서 담당 직원에게 "이 내용, 기획서 안에 넣어서 정리해 주세요" 하고 공을 던진다. 또한 직전까지 TV를 보고 있었다고 해도 생각이 나면 집중해서 시안을 만들고 만다.

여기서의 요령은 완성도가 낮아도 상관없으니 우선 시안을 넘기고 차근차근 완성시켜 나가는 것이다. 그래서 완벽을 추구하지 않고 어느 정도 형태가 갖춰지면 일단 패스하고 본다.

이를테면 대략적으로 디자인의 큰 틀이 보인 단계에서 자잘한 사항은 일단 제쳐 두고 인쇄소에 한차례 견적을 부탁한다. 그런 과정을 몇 번 거치는 것이다.

사실 예전부터 그렇게 해 왔다. 그렇지 않으면 애초에 가능한지 불가능한지를 가늠할 수 없기 때문이다. 브로슈어를 만든다고 하면 우선 가장 바람직한 종이로 견적을 내 본다. 만일 견적에 맞출 수 없으면 아이디어를 짜는 방법도 달라져야한다. 예산은 100만 엔인데 300만 엔이라는 견적이 나온다면 '모든 페이지를 흑백으로 바꾸면 될까?'라는 식으로 방향을 전환할 수 있다. 그렇게 먼저 점검하는 것이다.

일이 늦어지는 커다란 요인으로는 '다시 하기'나 '아무 것도 없는 상태에서 생각하기' 등을 들 수 있는데, 이는 디자인 업계에서도 종종 벌어지는 일이다. 그러므로 이처럼 완성도가 낮은 상태라도 일단 한번 던져두면 갑자기 판이 뒤집어질 가능성은 낮아진다.

물론 대형 클라이언트의 경우는 실무 담당자가 결정권이 없어서 다시 해야 하는 상황이 벌어지기도 한다. 하지만 그 담당자가 판을 뒤집는 일은 사라진다. 그것만으로도 효율이 향상된다.

한 번에 여러 가지 일을 생각하지 않는다

멀티태스킹을 좋은 것으로 여겨 한 번에 여러 가지 작업을 처리하는 사람을 유능하다고 생각하는 경향이 있다. 하지만 내 생각은 다르다.

물론 나 역시 한 번에 몇 가지 프로젝트를 병행해서 진행하기도 한다. 소테쓰의 차량 디자인을 하면서 소주 제조사의 디자인에도 손을 대고, 도쿄 다이칸야마에 위치한 문구점과 대형 슈퍼마켓, 일본 전통 잡화점의 광고 기획도 함께 진행하는 식이다.

진정한 멀티태스킹이란 동시에 여러 가지 일을 해낸다는 의미가 아니라 하나의 일을 집중해서 처리한 후 다른 일을 시작할 수 있는 것이다.

구체적으로 내가 작업하는 방식은 이렇다.

오늘 오전의 시간상자에 '소테쓰 유니폼에 대해서 생각하기'라는 토막의 일을 넣어 뒀을 경우, 오전 중에는 다른 일은 완전히 잊고 오로지 소테쓰의 유니폼만을 생각한다.

만일 그때 '참! 소주 제조사의 상품 패키지는 이런 느낌이 좋을 것 같네'라는 생각이 불쑥 떠오른다고 해도 그것은 잡념으로 간주하고 오직 소테쓰의 유니폼에만 집중한다. 그리고 다른 토막의 일이 들어가 있는 시간이 되면 소테쓰의 유니폼에 대해서는 싹 잊어버린다. 이런 식으로 일을 진행하는 이유는 내가 서투른 면이 많아 두 가지 일을 생각하다가는 어떤 것에도 집중할 수 없게 되기 때문이기도 하다.

학교에서의 수업은 시간별로 나뉘어 있다. 체육 시간에는 국어 수업에 대해서 전혀 생각하지 않는다. 물리 시간에 열심히 실험을 하다가도 종이 울리면 순식간에 음악 수업을 시작한다. 일도 학교에서의 수업처럼 하면 되는 것이다.

문제는 학교와는 달리 회사에서는 외부에서 전화가 걸려오거나 상사의 제지가 들어온다는 점이다. 전화나 상사는 방해꾼이 아니라 일의 일부다. 결국 내가 처리해야 할 일이라고 생각하면 이 역시 절차 안에 넣어 조정해야 한다.

이 같은 외적인 요소는 통제하기 어려우므로 자신만의 규칙을 세워야 한다. 하다못해 '한 번에 하나의 일에 집중하자'

189

는 식으로 말이다. 또한, 오늘은 정말 일에만 집중하고 싶다면 과감하게 카페 등으로 장소를 옮겨 일하는 방법도 고민해보기 바란다.

집중할 수 있는 환경은 스스로 만든다

나의 집중력은 어처구니없을 정도로 제멋대로라서 집중할 수 있는 환경을 만들어 주지 않으면 도무지 그 모습을 드러내 주지 않는다. 그래서 경험을 통해 내가 집중할 수 있는 환경을 갖추려고 노력하고 있다.

나는 소리가 들리면 집중력이 떨어진다. 음악을 들으면서 일을 하는 사람도 있는데, 내게 음악은 심각한 방해꾼이다. 좋아하는 가수의 노래라도 들리면 무심코 따라 부르며 노래에 끌려가고 만다. 그래서 무음의 상태를 추구하며 집에서 이른 아침에 일하기도 한다.

집중할 수 있는 환경은 사람마다 달라서 소란스러운 편이 오히려 집중이 잘 된다는 사람도 있다.

100퍼센트는 불가능하겠지만, 중요하다 싶을 때는 자신을 위해 집중할 수 있는 환경을 확보하는 게 좋지 않을까. 주위에 마치 결계라도 치듯이 자신에게 최고로 좋은 환경을 만들어 보는 것이다.

자신이 집중할 수 있는 환경을 갖추려면 가능한 한 일이 중단되지 않도록 사전에 모든 준비를 마쳐 두어야 한다.

나는 온갖 장소에 아이폰 충전기를 비치해 두고 있다. 회사에서는 내 방과 회의실, 그리고 작업하는 자리에 두고 있으며 집에서는 침실과 거실에 있다. 또, 내 주변 모든 곳에 보조배터리가 있다.

업무를 볼 때 아이폰을 사용하는 일이 많은데 도중에 전원이 끊기기라도 하면 일에 지장이 생긴다. 따라서 모든 장소에서 충전이 가능하도록 준비해 놓고 항상 쓸 수 있도록 유지하고 있다.

지금은 배터리지만, 조만간 온통 다른 도구가 그 역할을 대신할지도 모른다. 사람에 따라서는 펜을 여기저기 놓아둬야 안심이 된다는 사람도 있다.

중요한 사실은 충전기와 배터리를 여기저기 두는 것이 아니다. 일의 흐름을 원활하게 만들어 효율을 높이기 위해서는 과감한 구조를 갖춰야 한다는 점이다. 자신에게 가장 좋은 환경을 모색해 보자.

아무리 버텨도 좋은 아이디어는 생각나지 않는다

'오후 한 시부터 세 시까지 집중해서 생각하자!'

이렇게 마음을 먹지만 이내 싫증이 나서 다른 생각을 하게 되지 않는가? 그런 기분과의 싸움은 내게도 일어난다. 그럴 때는 "두 시간 정도 잠수 타요" 하고 선언하고 조용한 공간을 찾아 거기서 집중해 본다.

'세 시가 되어서야 일할 마음이 생겨서 하다 보니 다섯 시까지 하게 되었다'라는 일은 일어나지 않는다. '조금만 더 버티면 좋은 결과가 나오지 않을까?' 싶기도 하지만 더 나은 안이 떠오르는 일도 없다. 물론 이것은 개개인의 특성이라 누군가는 그것이 가능할지도 모른다. 하지만 나는 왠지 이런 식으로 일하는 것은 마치 도박처럼 느껴져서 좋아하지 않는다. 반드시 제시간에 끝내야 할 일이 있는데 도박을 하듯 소중한 시간을 걸 수는 없지 않을까.

디자인이나 아이디어에는 '답이 있다'고 생각하며, 마감이 곧 완성이라고 생각한다. 의욕이 생겼다고 해서 시간을 연장하게 되면 다른 일에 영향이 미친다. 따라서 '세 시까지'라고 정했다면 세 시까지만 일을 진행하고 시간이 되면 머릿속을 전환한다. 그러는 편이 장기적으로 봤을 때 효율적이다.

생산성을 최대로
끌어올리는 방법

아이디어는 회의 자리에서 내야 한다

일의 형태를 갖춰가기 위해서는 협의하는 그 자리에서 아이디어를 곧장 제시할 필요가 있다고 생각한다. 그래서 이 부분에 더욱 주의를 기울이고 있다.

후쿠이현에 있는 시츠린도우漆琳堂라는 칠기 회사에서 새로운 브랜드를 출시하는 프로젝트에 관한 상담이 들어왔다. 첫 미팅 자리에서 나는 바로 "이런 네이밍은 어떨까요?" 하고 종이에 적어 설명해 나갔다. 좋은지 나쁜지는 일단 제쳐 두고 자꾸 제안을 한다.

그리고 이틀에 걸쳐 총 열 시간 넘게 의견을 교환했다. 그 결과 서로에게 '이런 방향성이 좋지 않을까?'라는 큰 틀이 보이기 시작했다.

아이디어는 그 자리에서 내는 것이 포인트다.

클라이언트와 협의하는 자리에서 취재하듯 이것저것을 묻고 "대략 이해했습니다. 일단 돌아가서 생각해 보죠"라는 경우는 없다. 다시 프레젠테이션을 하려면 시간은 시간대로 들고 열정은 식어버리기 때문이다. 그 자리에서 바로 얘기를 나누고 업데이트하여 방향성을 찾는다. 이것이 빠른 속도의 비결이다.

'혼자 차분히 생각해야 좋은 아이디어가 떠오른다'는 사람도 있을 것이다. 또는 '나중에 생각해 봤더니 역시 아닌 것 같아서…'라는 경우도 있을 수 있다. 하지만 그렇게 떠오른 아이디어는 두 번째 안으로 삼으면 된다.

간단하게 생각하자. 우선 협의나 회의를 할 때 한 가지 아이디어를 제시한다. 그리고 나중에 또 다른 아이디어가 떠오르면 "더 좋은 아이디어가 생각났습니다!" 하고 말하면 그만이다.

나는 필요하다 싶을 때는 협의 자리에서 도중에 메일을 쓰기도 한다.

후쿠이현의 사바에시鯖江市 시장님과 의견을 나누는 자리에서 일어난 일이다. 시장님은 이렇게 물었다.

"사바에를 더욱 활기찬 도시로 만들려면 무슨 방법을 써야 할까요?"

사바에시는 안경 관련 산업이 많아 일명 '안경의 거리'로 알려져 있다. 일본 내 안경테의 90퍼센트가 이곳에서 만들어진다. 사바에시가 안경 마을이라는 인식은 이미 있지만, 사람들이 '안경이 유명한 지역이라는데 한번 가볼까?' 하고 관심을 갖지는 않는다.

"사바에시는 이미 안경으로 유명하죠. 그렇다면 칠기는 어떨까요?"

안경으로도 유명하지만 이곳은 유통되는 칠기의 대부분이 만들어지는 곳이기도 하다. 그래서 칠기도 홍보하면 어떨까 싶어 의견을 말했다. 그리고 덧붙여 후쿠이현, 니가타현, 도야마현, 이시카와현을 아우르는 호쿠리쿠 지역의 공예 제품을 전부 모은 '호쿠리쿠 공예마을'을 조성해 보는 건 어떨지 즉흥적인 발상을 꺼내 보기도 했다.

의견을 주고받는 사이 후쿠이현에는 양조장이 많다는 얘기도 나오게 되었다.

그때 축구 선수로 국가대표이기도 했던 나카타 히데토시 中田 英寿 씨가 떠올랐다. 그는 현재 일본주(사케)를 홍보하는 일을 하고 있다. 그 자리에서 바로 그에게 메일을 보냈다.

'사바에시에서 사케 관련 이벤트를 개최한 적이 있나요?' 그러자 바로 '없습니다'라는 회신이 왔다. 그래서 이번에는 '사바에시 시장님과 뭔가를 해 볼 생각인데 혹시 관심 있어요?' 하고 보냈더니 '그럼 한번 자리를 마련해서 얘기를 나눠 보죠'라는 상황까지 진척이 되었다.

가능한 한 숙제가 남지 않도록, 그 자리에서 답을 내놓을 수 있도록, 전화나 메일, 메신저 등을 활용하는 것도 일을 빨리 해결하는 비결이다.

빠른 회신이 일의 성과로 이어진다

나는 거의 모든 일을 그 자리에서 처리한다. 먼저 내가 처리해야 할 범위의 일은 끝내는 것이다. 일을 '잠 재워 두는' 경우는 일단 없다. 가만 두는 것보다는 처리해 놓아야만 직성이 풀린다.

고객이 맡긴 일에만 국한된 얘기가 아니다. 은행이나 관공서 등의 일 처리를 하는 경우도 마찬가지다. 연락이 온 순간 바로 회신한다. 그래서 매번 "회신이 빠르시네요"라는 소리를 듣는다.

메일을 받으면 가능한 한 빠르게 답장을 보낸다. 금방 끝낼 수 있을 것 같은 디자인이라면 쓱싹 작업해서 발송하는 경우도 있다. 30분 정도면 해결되는 일이다.

이렇게 금방 회신을 하거나 바로 일을 처리하면 "자, 그럼 이것도 부탁합니다"라며 일을 더 맡긴다. 그것을 단점이라고 보느냐 아니냐가 문제다.

내가 그저 직장인이었다면 '업무가 많아지니까 좀 천천히 해야겠다'라는 생각을 했을지도 모르겠다. 하지만 독립해서 직접 회사를 운영하는 입장에서는 일이 많아지는 것은 기뻐할 일이다. 빨리 해내면 다음 일도 들어오고 점점 규모가 큰 프로젝트도 맡게 된다. 그래서 일을 빠르게 처리할 수 있도록 절차를 제대로 세우는 것이 중요하다.

그런데 사실 직장인의 경우도 크게 다르지 않다. 일을 신속하게 처리하는 사람이 높은 평가를 받고 출세도 빠르다. 절차를 잘 갖춰 일을 진행하는 사람은 일을 빨리 끝내면서도 크게 스트레스를 받지 않으므로 점점 더 많은 일을 맡게 되고, 중요한 일도 그 사람 몫이 된다. 반대로 그렇지 못한 사람은 그만큼 다른 사람에게 기회를 뺏기게 된다.

지금 이 시점에 일을 제대로 하기 위해 절차를 배워야 하는 이유는 무엇일까?

그 이유는 잔업이 사라지면서 '같은 근무시간 동안 얼마만큼의 성과를 올릴 수 있느냐'로 능력을 평가받게 되었기 때문이다. 예전에는 일 처리가 다소 더디더라도 잔업으로 그만큼을 만회할 수 있었다. 그러나 이제는 만회가 어려운 시대다. 시간을 쥐어짜고, 의욕을 불어넣어 가며 어떻게든 처리하던 예전과는 상황이 다르다.

잠자는 시간을 아무리 줄여도 주어진 일을 해결하기 어려워진 세상이다. 시간을 더 들이겠다는 안이한 생각은 그만 두자. 내게 주어진 시간은 유한하고 일은 무한하게 쏟아진다. 이제는 더 이상 시간으로 일을 붙들 수 없다.

CHAPTER 5

팀으로 움직일 때
비로소 완벽해진다

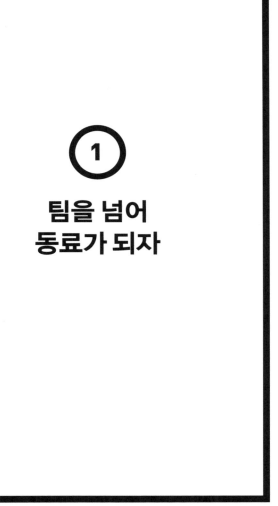

팀을 넘어
동료가 되자

더 많은 사람을 끌어들이자

혼자 일을 진행하기 위한 절차는 비교적 단순하다. 하지만 거의 모든 프로젝트에는 또 하나의 요소가 필요하다. 바로 팀의 절차다.

일하는 방식은 날로 다양해지고 있으며 사내외에서 팀을 구성하려는 움직임도 늘고 있다. 그래서 5장에서는 일을 잘하기 위해 팀으로써 해나갈 절차에 대해서 이야기하려고 한다. 혼자서 오리발을 끼고 발버둥치는 게 아니라 다른 사람들을 끌어들여 마치 배를 몰듯 크게 움직이면 더 빠르고 정확하게 목적지에 가 닿을 수 있다. 이 역시 새로운 시대에 중요한 절차의 요소다.

내 아내는 회사에도 나에게도 없어서는 안 되는 존재다. 그녀는 일의 절차에 대해 상당한 수완가다.

귀갓길에 택시를 타면 바로 요금을 지불하기 위한 스마트폰과 집 열쇠를 꺼내 손에 쥔다. 어쩌면 나보다는 아내가 절차에 대해서 더 많은 내용을 쓸 수 있을지도 모른다는 생각이 들 정도다.

TV 방송국에서 일했던 아내는 매일 일정한 시간 안에 방대한 작업을 처리해야 했는데 그러다 보니 어느 사이엔가 몸에 밴 습관인지도 모르겠다.

결혼 전 어느 날 아내가 매우 친한 사이인 듯 통화했던 상대가 주차장 관리인임을 알고 놀란 적이 있다.

"어쩌다 그 분과 친해졌어?"

"예전에 연예인 로드 매니저며 기획사 관계자들이 좋은 자리에 차를 대게 해달라고 하더라고. 어디에 차를 대느냐에 따라서 스튜디오에 올 때까지 한참이 걸리고 그럼 출연자가 피곤해진다는 거야. 좀 어이없는 부탁이긴 했지."

하지만 그녀는 방송 출연자가 일정에 늦지 않게 좋은 기분으로 스튜디오에 들어올 수 있도록 하는 것이 방송사 프로그램 관계자의 일이라고 생각했다. 다소 이기적인 요청이지만 잘 대응하기 위해 언제든 주차장 관리인에게 사정을 말해 부탁할 수 있는 관계를 만들기로 했다. 그래서 신입 때부터 과자나 음료수를 사다 드리며 상당한 친분을 맺어 왔다고 한다.

최근 이 얘기가 문득 떠올랐는데, 그야말로 일을 제대로 하기 위한 절차라는 생각이 들었다.

주차장 안에서 융통성을 발휘하는 일은 당시 맡고 있는 프로그램 녹화를 위한 절차나 이 연예인을 섭외하기 위한 절차 중 하나가 아니라 어느 프로그램, 어떤 연예인과 일을 하게 되든 필요한 요건이기 때문이다. 하나의 관계를 만듦으로써 전체적인 일의 효율화가 이루어지는 것이다. 주차장 관리 아저씨까지도 팀의 일원으로 끌어들이면 일하는 데 필요한 힘을 한층 강력하게 키울 수 있다.

살아 있는 커뮤니케이션

프로젝트에는 사내외 다양한 직종의 사람이 참여한다. 당연히 각자의 입장이 있고 가치관도 모두 다르다. 따라서 팀으로 움직일 때는 어긋남이나 문제가 생기기 마련이다.

우리 팀은 지금까지 여러 가지 프로젝트를 경험했지만, 어굿남이나 문제가 발생한 적이 거의 없다. 그 이유는 매우 이른 단계에서부터 살아 있는 커뮤니케이션을 하기 때문이다.

크리에이티브 디렉터는 때로는 하청업자, 때로는 선생님으로 불리는 조금은 독특한 입장이다. 실무 담당자에게는 나 같은 위치의 사람이 익숙하지만, 실제로 공사를 하는 현장 작업자들은 왠지 불편해하는 경우도 꽤 있다.

2004년 유노하마 온천 가메야의 인테리어를 맡았을 때도 그랬다. 지역 건설회사 소속 인부들 입장에서 그때의 나는 도쿄에서 온 풋내기로 보였을 것이다.

'크리에이티브 디렉터가 도대체 뭐 하는 놈이야? 일이나 제대로 하려나 몰라.'

내심 그렇게 생각하면서도 우선은 선생님이라고 높여 부르는 어색한 관계… 소통은 어렵기만 했다.

"뭔 소리야? 그런 건 못해."

"도쿄에서 온 선생 말은 어려워서 도통 알아들을 수가 없다니까."

뭔가를 제안할 때마다 돌아오는 대답은 쌀쌀맞았고, 늘 보기 좋게 거절당했다.

그러다 마침 공사가 중단된 어느 날, 나는 됫병으로 된 술 두 병을 들고 현장 작업자들이 쉴 때 이용하는 임시 휴게실을 찾아갔다.

"수고 많으십니다! 시원하게 한잔 어떠세요?"

허심탄회하게 속내를 드러내어 대화하는 것에서부터 시작하지 않으면 안 되겠다 싶어서 생각해낸 고육지책이었는데, 그렇게 함께 무지막지하게 마신 다음날부터 일이 술술 잘 진행되어 갔다.

바바 야스오馬場 康夫 씨의 《'엔터테인먼트'의 새벽「エンタメ」の夜明》에 따르면 도쿄 디즈니랜드를 만들 당시 마지막 난관은 우라야스浦安 지역의 어부들을 설득해서 토지를 양도받는 것이었다고 한다. 그때 그 일을 맡은 사람은 당시 일본을 대표하는 종합상사인 미쓰이 물산三井物産에서 가장 강심장이었던 사람이라고 쓰여 있었다. 프로젝트를 진행하다 보면 그런 거칠고 투박한 요소가 아예 없을 수는 없다.

결코 술이 필요하다는 얘기가 아니다.

자신을 속속들이 드러내어 인간적인 측면을 보여주고, 살아 있는 대화를 통해 서로를 이해하고자 할 때 비로소 신뢰관계가 생기기도 한다는 말이다. 속내를 알 수 없는 사람과 함께 잘 해보자고 진심으로 생각하는 사람은 없다.

무엇보다 먼저 사람 대 사람으로서 대화하고 소통하다 보면 결과적으로 서로의 동기 의식이 높아지고 서로의 목적을 확인하여 같은 방향을 향해 나갈 수 있다. 이런 과정을 거치지 않은 상태에서는 팀으로서의 절차를 만들기 어렵다.

그래서 일을 시작하기 전 술자리를 갖거나 회식을 할 때 나는 절대 일과 관련한 얘기를 하지 않는다. 소테쓰 프로젝트를 진행할 때도 차량 전문가, 도장 전문가, 선로 전문가 등 다양한 사람들과 술자리를 갖거나 새벽까지 노래방을 전전하기도 하면서 그저 함께 그 순간을 즐겼다.

절차는 업무 효율화를 위한 것으로 루틴화를 비롯해 그 밖의 무엇보다도 시간을 우선하는 기술적인 작업이다.

그러나 결국 사람이 모여 하는 일이다.

테크닉만 있고 사람과의 관계가 빠져 있다면 목적지인 암

벽을 오를 때 장비만 갖춰 각자 등반하는 것과 같다. 오르는 속도도, 소요되는 시간도 각각 다른 것이다. 허리에 로프를 묶어 함께 움직이면 끌어주고 지원하며 모두 다 같이 빠른 시간 안에 등반할 수 있다.

팀으로 일을 진행할 때 절차를 제대로 기능하게 만드는 것은 소통을 매끄럽게 할 수 있는 관계 형성에 있다는 것을 절대 잊지 말자.

상하관계는 일보다 중요하지 않다

팀을 구성해서 일을 할 때 무엇보다 중요한 것은 일의 목적을 우선하는 것이다. '지금 맡고 있는 일을 어떻게 할 것인지'가 가장 중요하다. 이는 당연하게 여겨지겠지만 의외로 어렵다.

사내 구성원으로 이루어진 팀이라면 직책이나 연령 등의 상하관계, 또는 부서 간의 이해관계가 일의 목적보다 우선시되는 경우가 있을 수 있다. 회사 밖에 있는 사람과 팀을 이루는 경우에는 발주 측과 수주 측이라는 상하관계가 발생한다. 내 경우도 수주 측, 즉 하청을 받는 입장이다.

그럼에도 나는 가끔 선생님이라고 불리울 정도로 전문가로 대접을 받는다. "잘 부탁합니다"라는 말도 종종 듣는다. 이 역시 일종의 상하관계로 여겨져서 거북하고 불편하다. 사실 불편한 기분은 아무 것도 아니다. 내가 걱정하는 것은 발주 측과 수주 측이라는 관계성을 개입시키면 일의 목적을 달성하기 어려워진다는 것이다.

예를 들어 클라이언트가 이런 제안을 했다고 하자.

"우리 회사의 인지도를 높이기 위해 캐릭터를 만들었으면 합니다. 그거 있잖아요, 쿠마몬! 그런 느낌으로 깡충깡충 뛰는 귀여운 토끼 캐릭터를 만들어 주셨으면 좋겠어요."

발주 측과 수주 측이라는 관계성을 개입시키면 이렇게 대답하게 된다.

"아, 깡충깡충 토끼요? 알겠습니다. 얼른 디자인 시안을 만들어 프레젠테이션 일정을 잡아 보죠."

그리고 아무런 생각도 없이 갑자기 들어온 의뢰를 언제까지 할 것인지 스케줄링에만 집중하게 된다. 캐릭터 하나로 회사의 인지도가 껑충 올라갈 수 있을까? 아니, 절대 그렇지 않다.

반대로 내가 "저는 이 분야 전문가입니다. 그러니 제 센스를 믿고 잠자코 따라오세요"라는 식으로 독선적으로 밀어붙인다면 어떨까? 아무리 흥미롭고 매력적인 디자인이 완성된다고 해도 받아들여주는 사람이 없는 기묘한 상황이 벌어질 가능성도 있을 것이다.

두 예시 모두 팀다운 기능을 할 수 없는 상황이니 이런 경우는 최악의 사례라고 할 수 있다. 다소 극단적인 예시인 것 같겠지만 어떤 팀에서건 비슷한 상황이 벌어지고 있을 것 같다는 생각이 든다.

팀에서 가장 높은 사람이 "이걸 하자"라고 말했다고 해서 갑자기 일의 절차를 세워서는 안 된다. 혹은 팀 내의 이해관계 때문에 '반대했다간 사이가 거북해지겠지' 하고 일의 목적을 왜곡해서는 안 된다.

회사가 같든 아니든, 직책이 높든 낮든, 업종이 같든 아니든 팀이 맡은 일의 목적을 함께 이뤄나가는 것을 가장 우선시해야 한다.

팀으로 일하려면 역할 분담이 먼저라고 생각하는 경우가 많다. 그래서 무슨 일을 어떻게 성공시킬지를 고민하기 전에 무심코 주어진 대로 빠르게 배분하고 착수하는 것을 우선시하기 십상이다. 하지만 일의 목적을 제대로 정하거나 공유하지 않은 채 만들어진 절차는 잘못된 장소로 데려가는 잘못된 지도에 지나지 않는다.

모두 같은 방향을
바라보기 위해서

팀으로 일한다는 것은 약속을 지킨다는 것

팀으로 일을 진행할 때는 많은 약속이 생긴다.

무엇을 언제까지 해달라는 요청을 팀원 한 사람 한 사람 모두가 주고받고 그것을 지켜 나갈 때 비로소 팀이 기능한다.

나는 일이란, 아니 더 나아가 일체의 사물이나 현상은 무언가를 약속하고 그 약속을 완수해 가는 것이라고 생각한다. 그리고 '이것을 / 언제까지 / 완수한다'는 약속을 지키기 위한 최선의 길을 만드는 것이 바로 절차다.

즉, 절차는 사물이나 현상과 인간 사이에 있는 것이 아니라, 사람과 사람 사이에 존재하는 것이다. 이것을 대전제로 깔아두자.

앞서 이야기한 것처럼 마감을 확인하지 않고 대충 일을 진행하는 사람이 의외로 많은 것 같다. 거듭 말하지만 마감을 마감이라고 생각하기보다 '팀 구성원 간의 약속'이라고 생각하자.

우리 회사 직원 중에도 마감을 애매하게 두는 사람이 있었다. 클라이언트에게 "○월 ○일 ○시까지 러프 디자인을 제출하겠습니다"라고 전달하면 되는 고작 그 정도의 일도 처리하지 않고, 어느 날 갑자기 "디자인을 완성했습니다"라고 하거나 상대방의 재촉에 "아직 덜 됐는데요"라며 허둥댔다.

그런 사람들도 사적으로는 약속을 잘 지키고 있을 테니 의식을 바꾼다면 개선의 여지가 있다. 그래서 나는 다음과 같은 예를 들어가며 설명하곤 하는데, 그러면 모두 이해가 되는 모양이다.

예를 들어 친구랑 식사하기로 약속을 잡은 뒤 며칠 후 "나 지금 약속한 식당에 와 있는데 왜 안 와?" 하고 갑자기 문자가 오면 어떨 것 같아요? "뭐지, 도대체 무슨 일이래? 우리가 언제, 어디서 만날지 정했던가!"라는 황당한 상황이 되겠죠? 마감을 정하지 않는 건 바로 이런 상황이 벌어지는 것과 같습니다.

마감뿐 아니라, 팀원끼리는 반복적으로 약속한 사항을 확인하는 것이 좋다. 일이 아니라, 사람 간의 약속이라는 의식을 가지고 진행하자.

공유를 통해 일의 정밀도를 높인다

팀을 짜서 진행하는 일인데, 왠지 혼자 일을 껴안고 마는 사람이 있다. "다 됐어?" 하고 물어도 대답을 못하고, "힘들면 도와줄까?"라고 해도 괜찮다며 혼자 애를 쓴다.

생각건대 일을 껴안는 이유는 두 가지다.

하나는 자신이 있어서. 또 하나는 부정당하고 싶지 않아서.

자신감을 가지고 있는 사람은 자신의 생각이 절대적으로 옳다고 믿어서 누군가와 논의할 필요를 느끼지 못한다. 망설이지도 않고, 남과 의논하지도 않고, 게다가 스스로 검증하는 과정도 없이 재빠르게 절차를 세워 독선적으로 돌진한다.

부정당하고 싶지 않은 사람은 아마도 자신감이 없을 것이다. 자신이 진행하는 일을 도중에 누군가가 보고 "이거 잘못된 것 같은데요"라고 지적이라도 하면 자신의 존재가 부정당하는 것 같아서 상처를 입는다. 또는 자신의 약점을 보여주기 싫다는 생각도 있을 것이다.

"지나친 자신감은 좋지 않아요. 자신감이 없는 편이 오히려 일을 잘할 수 있습니다."

나는 직원들에게 항상 이렇게 말한다. 이런 말을 하는 이유는 자신감이 지나친 것도 또 반대로 자신감이 너무 없는 것도 혼자 일을 껴안는 원인이기는 한데, 과신하는 사람은 일하는 속도가 빨라서 잘못된 방향으로 진행되었을 경우 피해가 훨씬 커지기 때문이다.

항간에서는 "자기 자신을 믿어라" 또는 "근거 없는 자신감이라도 중요하다"와 같은 말들을 하는데, 절대적으로 옳은 사람은 없다는 것이 내 생각이다.

'누구나 틀릴 수 있다'는 정도의 마음가짐으로 터놓고 일을 하자. 자신감이라는 열쇠로 자신을 방어하지 않아야 모두가 팀의 일원으로서 서로 협력해 나갈 수 있다.

일은 시작할 때도 실행할 때도 가능한 한 많은 사람을 끌어들여 가는 것이 중요하다. 그러기 위해서라도 보잘것없는 자존심이나 자신감 따위는 필요하지 않으며 오히려 방해만 될 뿐이다.

진심 어린 소통이
팀을 원활하게 한다

절차를 세울 때는 짐작하지 않는다

주변의 눈치를 보지 않고 속내를 털어놓아야 일의 절차가 매끄러워진다.

'뭔가 이상한데', '방금 한 말의 의미를 잘 모르겠어' 이런 생각이 들 때는 그 자리에서 분명하게 되묻는다. 그러면 실수를 하거나 다시 해야 하는 일이 없어진다.

못할 것 같으면 "못하겠다"고 말하는 것도 중요하다.

나는 처음 들어간 회사를 8개월 만에 그만두고 두 번째 회사에 입사했다. 업계에서 유명한 '드래프트'라는 회사였다. 맨 처음 맡은 일은 56페이지 분량의 팸플릿 디자인이었다. 56페이지는 제법 많은 분량으로 고작 8개월밖에 경험이 없는 신입사원이 처리하기에는 무리한 양이다. 그런데도 카피라이터와의 업무 협의에서부터 인쇄소 담당자와의 일정 협의에 이르기까지를 거의 혼자 도맡아야 했다.

매일같이 철야를 해도 일은 끝이 없었다. 그러자 한 선배로부터 이런 말을 들었다.

"못하겠으면 못하겠다고 말해."

당시의 경험은 나로서는 큰 충격이었다. 그 말을 들었을 때야 '그러면 되는 건데'라고 생각했다. 왜 좀 더 빨리 못하겠다고 말하지 않았을까. 아마도 그것은 자신이 유능하게 보였으면 싶은 마음 때문이었을 것이다. 다시 말해 일 자체에 대해서는 생각하지 않고 내 자신이 어떻게 보일 것인지를 우선했던 것이다.

또 하나는 상사가 불가능한 일을 부하 직원에게 맡기지는 않을 것이라는 착각이다. 이는 상사라는 입장이 되어서야 비로소 이해한 부분이다. 사실 부하 직원 각자가 현재 얼마만큼의 일을 껴안고 있으며 어느 정도의 업무량을 부여받고 얼마나 빠른 속도로 처리하는지를 완벽하게 파악하는 상사는 거의 없다.

그러므로 본인이 할 수 없는 일은 못하겠다고 말해야 한다. 그래야만 나 자신에게도 부담이 없을뿐더러 팀으로 일할 때의 절차를 제대로 구현할 수 있다.

언제까지 할 것인지를 파악하고 있는가

"이것 좀 처리해줘요. 급해요."

부하 직원이나 담당자에게 이렇게 일을 맡길 때가 종종 있다. 그런데 하루 동안 방치하더니 결국은 "죄송해요, 오늘은 좀 바빠서…"라고 뒤늦게 말한다.

누구에게나 이런 경험이 있을 것이다.

나는 신입 시절 누군가가 일을 맡기면 "언제까지 처리하면 될까요?" 하고 확인하거나 "언제 언제까지면 처리할 수 있을 것 같습니다"라는 식으로 대응하곤 했다.

예를 들어 "서점에 가서 자료를 구해 왔으면 좋겠는데", "참, 촬영에 필요한 우유 좀 사다 줘!", "철도 사진도 찍어 와야겠어"라는 말을 들으면 다음과 같이 대답했다.

"동시에 전부 다 할 수는 없습니다. 우유는 언제 필요한가요? 철도 사진은 내일 찍으러 갈 수 있을 것 같습니다."

일을 맡기는 쪽도 맡는 쪽도 이 '언제까지'라는 것을 간과하기 십상이기 때문이다.

221

추가적으로 일이 들어오면 당장 시작할 것인지 아닌지를 생각한다. 바로 시작해야 할지 나중에 해도 될지를 판단하는 것인데, 그 시간이 매우 중요하다. 판단이 어려울 때는 상대방에게 물어서 확인한다. 금방 끝날 일이라도 당장 안 해도 된다면 나중으로 미룬다.

새로운 일을 부탁받으면 당장에 처리하려는 사람이 있다. "책 좀 구해다 줬으면 좋겠는데"라고 말하자마자 "네!"라는 대답과 동시에 바로 움직인다. 얼핏 바람직하다고 생각될 수도 있지만, 그렇게 일일이 즉각적으로 대응하다 보면 현재 하고 있는 일을 나중으로 미루어야 하는 상황이 되므로 절차가 무너지게 된다.

당장 할 수 있는 일이라고 해도 일단은 "언제까지 하면 될까요?"라고 묻자. 상대방이 "지금 당장"이라고 말하면 그때 하면 된다. 만일 자신이 직접 움직일 수 없는 상황이라면 "지금은 제가 할 수 없는데요. 대신 ○○ 씨에게 맡겨도 될까요?" 하고 대응해도 좋다. 아무 생각도 없이 바로 움직이려는 버릇은 아무래도 고치는 편이 좋을 것이다.

절차를 원활하게 만드는
리더의 소소한 궁리

소요 시간과 함께 지시를 내린다

나는 직원들에게 일을 시킬 때면 "이거 ○분이면 할 수 있을 겁니다" 하고 반드시 소요 시간을 덧붙여 지시를 내린다. 이것은 ○분 만에 끝낼 수 있는 정도의 일로, 그 선에서 마무리해도 괜찮다는 의미이기도 하다.

"10분 정도면 되니까…"라고 말하면 간단한 조사 정도로 괜찮다거나 대충 만들어 보라는 의미이며, "다섯 시간 정도 걸릴 테니…"라고 말하면 확실하게 해야 한다는 의미라고 할 수 있다. 그 시간 안에 끝나지 않는 경우는 방법이 잘못되었거나 원하지 않는 정밀도로 지나치게 세세하게 해버렸다는 얘기다.

예를 들어 '카레라이스를 만들어라'는 주문이 있을 경우 10분 만에 만들 수 있는 인스턴트 카레를 말하는 것인지 이틀 정도 푹 끓이는 수고를 들여야 하는 카레를 말하는 것인지 알 수 없다. 그렇기 때문에 지시를 받은 사람은 어느 정도의 시간을 들이면 될지를 확인해야 하며, 지시를 내리는 사람은 "○분

안에 해결하라"는 식으로 분명하게 의사 표현을 해야 한다.

또한, 나는 시간뿐만 아니라 숫자로 생각하는 것을 습관화하고 있다. 평소 사물이나 현상에 대해서 생각할 때도 시장의 규모나 매출은 어느 정도인지를 숫자나 금액으로 생각한다.

디자인은 시각적인 표현을 위해 숫자가 얽히게 되어 있다. '여기는 ○밀리미터, 여기는 ○센티미터'라는 식으로 숫자가 반드시 들어간다. 그러고 보면 디자인적인 사고방식으로 모든 것을 보고 있는 것인지도 모르겠다.

디자인 담당자에게 조언을 할 때도 열심히 해보자는 식의 모호한 표현보다는 "○년 후에는 이렇게 될 수 있을 정도로 합시다", "○○살에는 신인상 받아야죠", "○○ 씨라면 ○년 후에는 가능할 것 같은데, 그러려면 이걸 하는 게 좋겠어요"라는 식으로 구체적으로 표현한다.

머릿속에 선명하게 그려볼 수 있도록 방향을 제시하면서 구체적인 숫자를 더하면 사람은 보다 명확하게 진행 방법을 알고 움직일 수 있게 된다.

상담과 논의를 통해 일의 효율을 높인다

굿디자인 컴퍼니는 효율적으로 움직이기 위해서 여러 가지 방법을 강구하고 있다. 그 방법 중 하나가 논의를 많이 하는 것이다.

과거에는 담당자 한 사람 한 사람의 재량에 맡겨 일단 생각해 보라고 하고 얼마간 기다려 주었다. 물론 요령을 피우고 늑장을 부리는 사람은 없었지만, 잘못된 방향으로 진행되고 있거나 절차가 틀렸어도 그대로 방치하다 보니 일을 다시 해야하는 상황이 발생하곤 했다.

그래서 조금 짧은 간격으로 진행 상황이 어떤지 확인하고 논의하는 상담 시간을 일상적인 업무 루틴으로 절차 안에 집어넣었다.

그랬더니 "이 부분에서 막혀서 고민 중이에요"라거나 "마감을 미처 확인하지 못했습니다"라는 식으로 담당자들이 의견을 구하거나 문제점을 알리기 시작했고 그 자리에서 바로 논의하여 해결하면서 업무를 처리하는 데 효율이 향상되었다.

다만 이 방법에는 주의할 점이 있다.

상담을 할 때 상사가 지나치게 간섭하거나 컨트롤하려고 들어서는 안 된다. 업무 당사자의 의욕이 사그라들 수 있기 때문이다. 목표를 확실하게 공유한 후에는 세세한 부분을 모두 체크하기보다 포인트별로 확인해 나가는 방법으로 해결해야 한다.

나는 경영자이면서 상사의 입장이긴 하지만, 부하 직원 입장에서도 자주 상담하는 시간을 갖는 편이 업무 효율을 높인다고 생각한다. 그러면 해야 할 일, 소요 시간, 마감 등에 대해서 객관적으로 검증할 수 있게 되어 일의 절차를 예측하는 정밀도도 높아진다.

내가 일을 막 시작했을 무렵 확실하게 좋은 시안을 제시해도 꼭 다시 해달라는 클라이언트를 담당했던 적이 있다. 그 무렵부터 이미 상당한 준비와 절차를 거쳐 일을 하고 있었음에도 매번 다시 해야 하는 상황에 부딪히다 보니 헛수고만 하는 것 같았다. 무엇보다 베스트라고 생각한 안을 수긍할 만한 근거도 없이 매번 부정당하는 것은 괴로운 일이었다.

그때 내가 취했던 작전은 자주 의견을 묻고 보고를 하는 것이었다. 준비 과정 중에 얻은 지식이 있을 때면 "이러이러한 사실을 알았습니다"라고 얘기하고, 또 여러 방안을 상상하다가 '이거구나!' 싶은 가설이 세워지면 "이런 방향을 생각했는데 제가 틀린 걸까요?" 하고 의견을 구했다.

그런 식으로 할 일을 파악하는 작업도 예측하는 작업도 클라이언트와 함께 하다 보니 어느 사이엔가 클라이언트는 내게 완전히 말려들어 있었다.

그렇게 해서 나온 아이디어나 제안은 클라이언트 자신도 관여한 것이므로 근거도 없이 부정하지 못했다. 나는 상대방 입에서 "이거 미즈노 씨가 아니라, 내가 생각한 것이나 다름없잖아?"라는 말이 나올 정도가 딱 좋다고 생각했다.

이런 요령으로 상사뿐 아니라 클라이언트를 끌어들이면 일하기가 매우 수월하다. 기획이나 디자인 시안뿐 아니라 절차 그 자체에도 끌어들이면서 만들어 가자는 얘기다.

"이 프로젝트에서 해야 할 일은 A에서 H까지라고 생각하는데 J 정도까지 커버해 두는 편이 좋겠지요? 의견을 주셨으면 좋겠습니다."

이런 식으로 의견을 구하면서 상사나 클라이언트와 함께 할 일을 파악해 나가자.

"과장님, 이 일은 대략 일주일 정도는 걸릴 것 같은데 일정이 너무 빠듯하지 않을까요?"

"이번 회의 자료는 3일 동안 마무리해서 부장님 결재를 받을 생각인데, 늦지는 않겠죠?"

소요 시간을 파악하거나 시간상자에 할 일을 담거나 일의 방향성이 옳은지를 검증하는 작업도 상사나 클라이언트와 함께 한다.

일의 절차에서 가장 중요한 것은 최종적으로 결재권이 있는 사람과 현재 상황을 공유하는 것이므로 상담과 논의를 활용하면 일의 성공 확률이 비약적으로 높아진다.

팀 안에서 당신이 팀원의 입장이라면 혼자 일을 껴안지 말고 자꾸 논의를 하고 의견을 구하자. 만일 당신이 팀장의 입장이라면 팀원은 일을 맡길 줄 아는 상사를 좋아한다는 등의 착각은 버리고 적극적으로 개입해 나가자.

팀장도 팀원도 모두 완벽하지 않은 사람들이다. 그래서 절차가 필요하다. 잊지 말자. 완벽하지 않은 사람들이 서로 힘을 합쳐서 한없이 완벽에 가까운 일을 해내기 위해 필요한 것이 바로 올바른 절차다.

어느 쪽이 정답인지만 생각한다

"자꾸 상담하고 논의를 거치다 보면 제가 원하는 방향으로는 진행할 수 없게 되는 것 아닌가요?"

이런 의문이 드는 사람들을 위해 마지막으로 하나만 더 얘기해볼까 한다.

사실은 A의 방향성이 좋다고 생각하는데, 클라이언트가 "A가 아니라 B로 부탁드려요"라고 말했다고 하자. 그럴 때 나는 어떻게 할 것 같은가?

결코 상대방이 하라는 대로 하지 않는다.

먼저 어째서 B가 아니라 A가 좋은지, 그에 대한 명확한 이유를 찾아 논리적으로 설명한다. 자신의 생각을 전부 전달하는 이러한 과정을 귀찮아해서는 안 된다. 자신이 왜 그렇게 생각했는지를 제대로 되짚어 봐야 한다.

그러기 위해서는 평소 머릿속에 떠오른 생각을 언어화하는 훈련을 해 두는 것이 좋다.

굿디자인 컴퍼니에서는 "왠지 느낌이 좋은 것 같습니다"라고 말하는 것을 금지하고 있다. 모든 것을 언어화하도록 한다. "그냥 멋있다"가 아니라 "도회지의 세련된 느낌이 들어 멋있고, 이번 프로젝트에서 추구하는 ○○○이라는 메시지의 방향성과도 맞아서 좋습니다"라는 식으로 가능한 한 구체적으로 설명하도록 하고 있다.

자세하게 설명하는 이유는 내가 반드시 A안으로 결정하고 싶기 때문이 아니다. 내가 생각하는 방향으로 결정되기를 바라는 것은 단순한 이기심이다. 나에겐 꼭 이것으로 결정되어야만 하는 제안이라는 것은 없다. 내가 좋다고 생각하는 것이 아니라, '어느 쪽이 정답인지'만 생각한다.

내 생각보다는 일 자체가 우위에 있기 때문이다. 그래서 어느 쪽이 프로젝트에 도움이 될까를 최우선으로 생각한다.

따라서 내가 의견을 굽힐 때는 다른 쪽이 낫다고 수긍했을 때다. '보나 마나 안 팔릴 게 뻔해', '제대로 될 리가 없지'라는 생각을 갖고 있으면서 굽히는 일은 결코 없다.

당신의 일이
사람들을
행복하게 만든다

일을 수준 높게 그리고 빠르게 진행하기 위한 절차에 대해서
지금까지 설명해왔다. 그중에서도 절차를 세우는 데 가장 중
요한 것이 무엇이냐 묻는다면 나는 이렇게 답하겠다.

"상상하는 것입니다."

A안과 B안 중 어느 것을 선택할 것인가?
이처럼 둘 중에서 하나를 고를 때 나는 모든 상상력을 총동
원한다.

'여기서 A를 선택한다면 10년 후에는 이렇게 되겠지.'

'만일 B를 고른다면 사람들은 이렇게 반응할 거야.'

'어쩌면 A도 B도 아닐지도 몰라.'

가능한 한 상상력을 발휘해 미래를 그려보는 것이다.

쿠마몬을 떠올렸을 때도 "이런 캐릭터가 구마모토를 홍보한다면 재밌고 신날 것 같다"라는 상상을 했다. 머릿속에 경쾌하게 춤을 추는 쿠마몬을 보고 즐거워하는 아이들의 모습이 생생하게 떠올랐다.

소테쓰 차량 본체에 쓸 색을 선정하기 위한 작업을 할 때도 '고품격'에 '안전'하고 '안심'할 수 있을지를 생각했다. 머릿속으로 노선 주변에 살고 있는 지역 주민들의 행복한 모습을 그려보기도 하고, 향후 시부야역까지 연결될 예정이니 다른 철도회사의 전동차와 구별이 될 수 있게 색이 비슷하지 않아야 좋을 것 같다는 생각도 했다.

다양한 시간대와 계절을 고려하는 등 온갖 장면을 머릿속에서 시뮬레이션하면서 한 걸음 한 걸음 진행해 나갔다.

어떤 프로젝트를 진행하건 상상을 할 때는 항상 '어떻게 하면 세상이 조금이나마 나아질까?'라는 생각을 한다.

'내 눈앞에 있는 일은 어떤 식으로 세상을 더 멋지게 만들 수 있을까?'

단 한 사람의 소소한 생각과 궁리만으로도 일하는 풍경은 싹 달라진다. 그리고 지금은 그런 일들을 쉽게 일으킬 수 있는 시대로 변화해 가고 있다.

나는 요즘의 장사 법칙이 에도시대로 시간을 거슬러 이동한 것 같다는 생각을 한다.

지금까지는 기업과 소비자 사이에 광고 대리점이나 TV와 같은 대중매체가 자리하여 간접적으로 시장을 활성화시켜 왔다. 그런데 현재는 인터넷, 특히 SNS의 등장과 더불어 고객과 기업이 직접 소통하기 시작했으며, 더 나아가 소비자와 생산자가 직접 대화를 나누기 시작했다.

"이거 진짜 맛있어요. 하나 어떠세요?"
"맛있어 보이네요. 두 개만 주세요."

"자, 값싸면서도 좋은 제품입니다! 하나 사 가세요."

"으음, 그러게요. 생각해 볼게요."

이런 광경은 그야말로 에도시대의 장사꾼과 손님의 거래 행위 그 자체다. 한 사람 한 사람이 상품을 더욱 좋게 하려는 노력을 하고, 가게 출입구에 근사한 노렌*을 내걸고, 모두가 핫피**를 입고, 무슨 말로 손님을 불러들일지를 생각한다. 또, 각 가게나 기업의 모두가 어떤 상품을 갖춰 어떤 식으로 진열할 것이냐 하는 세부사항까지 꼼꼼히 기획한다. 그런 것들이 매우 중요한 시대가 되어 가고 있다.

앞으로는 기업과 사람이 아니라, 사람과 사람의 커뮤니케이션이 매우 중요해질 것이다. 어느 한 회사의 사원이 내뱉은 말한마디가 회사 이미지를 훼손하는 경우도 있을 것이고, 또 고객에게 감동을 주는 서비스로 회사 이미지가 향상되는 경우

---

* 　상점 입구의 처마 끝이나 점두에 치는 상호가 표시된 가림막.

** 　본래 무가의 머슴들이 입던 옷이지만 근래에는 장인들이 주로 입는다. 등에 커다랗게 상호가 표시되어 있는 것이 특징이다.

도 있을 것이다.

일을 잘 해내면 그만큼 그 영향이 확산되기 쉬운 시대라고 할 수 있다.

한 사람의 힘은 보잘것없을 수 있다. 하지만 그 한 사람의 힘이 주변에 영향을 미쳐 세계를 움직인다.

나비효과라는 말처럼 작은 나비 한 마리의 날갯짓으로 인해 연쇄적으로 그리고 파급을 일으키며 세계가 바뀌어 간다. 하물며 나비조차 영향을 미치는데, 인간이 뭔가를 한다면 세계가 바뀌어 갈 가능성은 한층 더 커지지 않겠는가.

모든 것의 시작은 한 사람 한 사람의 상상하는 힘이다.

그 유명한 비틀즈의 멤버 존 레논은 '이매진Imagine'이라는 세기의 명곡을 남겼다.

일에서야말로 중요한 것은 이매진, 바로 상상이다.

지금 눈앞의 일을 꼼꼼하게 제대로 한다면 얼마나 많은 사람이 기뻐할까? 눈앞의 일에 약간의 궁리를 더한다면 얼마나 많은 사람이 행복해 할까?

상상하는 힘은 분명 멋진 일을 만들어낼 것이다.

"일하는 방법을 제대로 배울 수 있도록 절차에 관한 책을 써 보지 않을래요?" 하고 워즈WORDS의 다케무라 슌스케 씨가 의견을 주었을 때 나는 매우 중요한 주제이기는 한데 잘 정리해 낼 자신이 없다며 한차례 제안을 고사했다. 그런데 막상 책을 마치고 보니 나 자신 역시 새삼 많은 것들을 배운 계기가 된 것 같다.

절차는 단순히 일을 진행하기 위한 표면적 스킬이 아니라, 내가 일을 마주하는 방법까지도 바꿔 주는 것임을 알았다. 절차로 인해 일이 더욱 재미있어진다는 사실도 다시금 느낄 수 있었다. 끈기 있게 옆에서 지켜봐 준 다케무라 씨에게 고마움을 전하고 싶다.

또한, 여러 가지로 많은 도움을 준 편집자 아오키 유미코 씨, 출판사의 와다 후미코 씨에게도 감사의 말씀을 드린다.

그리고 원고의 씨앗이 되는 많은 아이디어를 제시해 준 아내와 간혹 주제넘는 소리를 하다가도 서점에 들르면 내 책이 잘 팔리는지 어떤지 걱정해 주는 아들, 또 항상 즐겁게 일하는 우리 회사의 모든 직원에게도 다시 한 번 감사의 말을 전한다.

이 책을 손에 든 여러분의 매일이 조금이라도 더 즐겁고 충
실해졌다면 이보다 기쁜 일은 없을 것 같다.

미즈노 마나부

일하는 방법을
제대로 배운 건
처음입니다

초판 발행 | 2020년 3월 2일
초판 2쇄 발행 | 2020년 4월 15일

지은이 · 미즈노 마나부
옮긴이 · 고정아
발행인 · 이종원
발행처 · (주) 도서출판 길벗
브랜드 · 더퀘스트
주소 · 서울시 마포구 월드컵로 10길 56 (서교동)
대표전화 · 02) 332-0931 | **팩스** · 02) 322-0586
출판사 등록일 · 1990년 12월 24일
홈페이지 · www.gilbut.co.kr | **이메일** · gilbut@gilbut.co.kr

기획 및 책임편집 · 조진희(cho_jh@gilbut.co.kr), 김세원, 유예진 | **제작** · 손일순
영업마케팅 · 정경원, 최명주, 전예진 | **웹마케팅** · 이정, 김선영 | **영업관리** · 김명자
독자지원 · 송혜란, 홍혜진

디자인 · 석운디자인 | **조판** · 비버상회 | **CTP 출력 및 인쇄** · 예림인쇄 | **제본** · 예림바인딩

- 이 도서의 국립중앙도서관 출판예정도서목록(CIP)은 서지정보유통지원시스템 홈페이지(http://seoji.nl.go.kr)와 국가자료종합목록 구축시스템(http://kolis-net.nl.go.kr)에서 이용하실 수 있습니다. (CIP제어번호 : CIP2020005269)

ISBN 979-11-6521-069-4 03320
(길벗 도서번호 090145)

정가 : 15,000원

독자의 1초까지 아껴주는 정성 **길벗출판사**

길벗 | IT실용서, IT/일반수험서, IT전문서, 경제실용서, 취미실용서, 건강실용서, 자녀교육서
더퀘스트 | 인문교양서, 비즈니스서
길벗이지톡 | 어학단행본, 어학수험서
길벗스쿨 | 국어학습서, 수학학습서, 유아학습서, 어학학습서, 어린이교양서, 교과서

페이스북 www.facebook.com/market4.0
네이버 포스트 post.naver.com/thequestbook